日英対照
英語学の基礎

編著｜三原健一　髙見健一
著　｜窪薗晴夫　竝木崇康　小野尚之　杉本孝司　吉村あき子

THE BASICS OF ENGLISH LINGUISTICS:
A CONTRASTIVE STUDY
OF ENGLISH AND JAPANESE

くろしお出版

まえがき

　英語と日本語を対照させた英語学の概説書として、くろしお出版から西光義弘（編）『日英語対照による英語学概論』が刊行されたのは、1997年2月のことであった（以下、「前書」と言う）。前書は、幸いなことに多くの方々に好意的に受け入れていただき、15年以上を経た今も版を重ね、英語学（あるいは言語学）の教科書として広く利用されている。

　しかし、大学での授業が急速にセメスター制に移行しつつある現状において、400頁に及ぶ前書は、1セメスターではとてもこなし切れない分量である。また、執筆者が（今よりは）若かったこともあり、意気込んで書いている分、内容が多少難しいと思われる個所もかなりあった。そこで、受講生による自学自習なども取り入れれば、1セメスターで終われる量にすること、そして、初学者でも理解できるような平易な内容にすることの2点を目的として新たに本書を編むことになった。

　前書の執筆者のうち、4名が引き続き本書の各章を担当し、新たに3名の執筆者を加え本書の布陣となった。内容は、基本的には前書を踏襲しているが、昨今の学会の動静に合わせ、意味論を認知意味論に特化させたこと、そして、新たに語彙意味論の章を設けたことが前書とは異なる。また、分量の関係で、前書にあった英語史（及び補説の日本語史）は割愛せざるを得なかった。各執筆者の原稿は編者（三原・高見）で詳細に読み、より分かり易くするために、コメントを付けていったん執筆者に戻す方針を取った。また、くろしお出版の池上達昭氏と荻原典子氏には、多忙な業務の中、読者目線で（特に学生目線で）難しいと思われる個所を指摘していただいた。その結果、初学者にも分かり易くという当初の目的はかなり達成されたものと思われる。

　本書は前書の姉妹編であり、見え隠れしつつ、前書の「精神」を受け継いでいる。前書の「まえがき」で、西光義弘氏が関西言語学会や旧大阪外国語大学のことを引き合いに出し、なぜ日英対照かというこ

とを書いておられる。本書の「まえがき」は、セピア色の思い出を述べるべき場所ではないが、英語と、言語直感を働かせることができる日本語とを対照させ、ことばに関して「なんでやろ？」と素朴に議論を戦わせるのがかつての関西の言語学の土壌であったことは、前書の編集をされた西光氏への感謝の念を込めて、やはり記しておきたい。そして、必要に合わせて、前書と使い分けていただければと思う。

[学生の方々へ]

　みなさんは、「英語学」と聞くと、これまで勉強している「英語」と何が違うのだろうと思うことでしょう。「英語学」というのは、英語という言葉がどのような仕組みになっているかを考える言語学の一領域です。つまり、英語の音や単語、文や会話などがどのような仕組みになっており、そこにどのような規則が潜んでいるかを明らかにしようとする研究分野です。本書は特に、そのような英語の仕組みを日本語の仕組みと比較しながら説明します。きっとみなさんは、本書を通して英語や日本語が、理路整然とした体系を成し、興味深い規則に支えられていることを知り、言葉の面白さに驚くことでしょう。

　どうして赤ちゃんは、that を dat と言ったり、「父さん」を「とうたん」と言ったりするのでしょうか。sugar maple（サトウカエデ）と maple sugar（カエデ糖）、「ミツバチ」と「ハチミツ」は、まったく意味が違いますが、単語を入れ替えただけでどうしてこのような違いが生じるのでしょう。「太郎が好きな花子」は、どちらがどちらを好きなのでしょうか。It is hot. と言えば、It is not cold. ということになりますが、It is not hot. と言っても、It is cold. ということにはなりません。なぜでしょう。*Hamlet* を読んでいるのに、どうして I'm reading Shakespeare. と言えるのでしょうか。人はみんな平熱があるのに、どうして「私は今日熱がある」というふうに言うのでしょう。このような疑問を解決し、英語と日本語のメカニズムについて本書で学んでもらえれば幸いです。

2013 年初夏　　編者

目　次

まえがき ──────────────────────── i

第1章　音韻論　　001

1. 母音と母音体系 ── 002
［1.1］母音体系 ･･････････････････････ 002
［1.2］音の有標性 ････････････････････ 005
［1.3］二重母音と母音融合 ････････････ 006
　　設問1　　　　　　　　　　　　007

2. 子音と子音体系 ── 007
［2.1］子音体系 ･･････････････････････ 007
［2.2］子音の有標性 ･･････････････････ 009
　　設問2　　　　　　　　　　　　010

3. 形態音素交替 ── 010

4. 音節とモーラ ── 011
［4.1］音節と音節構造 ････････････････ 011
［4.2］モーラ ････････････････････････ 014
［4.3］音節言語とモーラ言語 ･･････････ 016
　　設問3　　　　　　　　　　　　017

5. アクセント ── 017
［5.1］高低アクセントと強弱アクセント ･･･ 017
［5.2］アクセントの機能 ･･････････････ 020
［5.3］アクセント規則 ････････････････ 021
［5.4］複合語アクセント規則 ･･････････ 022
　　設問4　　　　　　　　　　　　023

6. 文アクセントとイントネーション ── 023
［6.1］文アクセント ･･････････････････ 023
［6.2］イントネーション ･･････････････ 024
　　設問5　　　　　　　　　　　　026

7. リズム —————————————————————————— 026
　　設問 6　　　　　　　　　　　　　　　　　　　　028
　　Further Reading　　　　　　　　　　　　　　　029

第 2 章　形態論　　　031

1. 形態論とは ——————————————————————— 032
　［1.1］形態論の研究内容 ································ 032
　［1.2］屈折形態論と派生形態論 ························ 032
　［1.3］単語の構造 ······································· 033
　　設問 1　　　　　　　　　　　　　　　　　　　　036
2. 派生形態論の主な仕組み ———————————————— 036
　［2.1］派生 ·· 036
　［2.2］複合 ·· 039
　　設問 2　　　　　　　　　　　　　　　　　　　　041
3. 派生形態論のその他の仕組み ——————————————— 041
　［3.1］品詞転換 ··· 042
　［3.2］語形短縮 ··· 043
　［3.3］混成 ·· 044
　［3.4］頭文字語 ··· 045
　［3.5］逆形成 ··· 046
　　設問 3　　　　　　　　　　　　　　　　　　　　047
4. 派生と複合に課される一般的な条件 ———————————— 047
　［4.1］単語の主要部 ······································ 048
　［4.2］右側主要部の規則 ································ 050
　［4.3］「意味的な主要部」という観点から見た右側主要部の規則 ······ 051
　　設問 4　　　　　　　　　　　　　　　　　　　　056
5. 複合名詞の意味について ———————————————— 056
　［5.1］上位語と下位語の関係 ··························· 056
　［5.2］複合名詞の主要部における意味の稀薄化 ·········· 057
　　設問 5　　　　　　　　　　　　　　　　　　　　059
　　Further Reading　　　　　　　　　　　　　　　059

第3章 統語論 生成文法　061

1. 句構造 —— 062
- [1.1] ことばの構造 …… 062
  - 設問1　063
- [1.2] 日英語の語順 …… 063
- [1.3] 主要部 …… 064
- [1.4] 文の構造 …… 066
  - 設問2　068
- [1.5] c統御 …… 069
  - 設問3　069
- [1.6] 代名詞の解釈 …… 070
- [1.7] 作用域 …… 071
  - 設問4　072

2. 名詞句 —— 072
- [2.1] 格 …… 072
- [2.2] 脱落形 …… 073
- [2.3] 格付与 …… 074
- [2.4] 意味役割 …… 075
  - 設問5　076
  - 設問6　076
- [2.5] 音形を持たない名詞句 …… 077

3. 移動 —— 078
- [3.1] 文法の枠組み …… 078
- [3.2] 受動文 …… 079
  - 設問7　080
- [3.3] 上昇構文 …… 080
- [3.4] WH移動 …… 081
  - 設問8　084
- [3.5] かき混ぜ操作 …… 084

4. 生成文法の企て —— 085

Further Reading　087

第 4 章 統語論　機能的構文論　089

1. はじめに —— 090
2. 文の情報構造 —— 090
[2.1] 新情報と旧情報 ………………………………………… 090
　　設問 1　093
　　設問 2　094
[2.2] 省略 …………………………………………………… 094
　　設問 3　097
[2.3] 日英語の基本語順と移動 ……………………………… 097
　　設問 4　102
[2.4] 「ハ」と「ガ」の機能 ………………………………… 102
　　設問 5　103

3. 視点 —— 103
[3.1] 話し手の視点と相互動詞 ……………………………… 103
　　設問 6　106
[3.2] 話し手の視点の一貫性 ………………………………… 106
　　設問 7　110
[3.3] 受身文 ………………………………………………… 111
　　設問 8　113
[3.4] 対称詞（人の呼び名、呼称詞）の視点階層 …………… 113
　　設問 9　115
　　設問 10　115
　　Further Reading　116

第 5 章 語彙意味論　117

1. 語の意味 —— 118
　　設問 1　119
2. 意味関係 —— 120
[2.1] 上下関係 ……………………………………………… 120
　　設問 2　122
[2.2] 部分・全体関係 ………………………………………… 122

[**2.3**] 反意関係	…………………………………………	122
設問 3		125
[**2.4**] 同義関係	…………………………………………	125

3. 多義 — 126
[**3.1**] 同音異義と多義	………………………………………	126
[**3.2**] 意味の自律性	…………………………………………	128
設問 4		129

4. 名詞の意味：可算と不可算 — 129
設問 5	135

5. 動詞の意味 — 135
[**5.1**] 意味役割	………………………………………………	135
設問 6		138
[**5.2**] 語彙概念構造	…………………………………………	139
設問 7		141
[**5.3**] アスペクト	……………………………………………	141
Further Reading		144

第6章 認知意味論　　147

1. 認知言語学 — 148

2. カテゴリー化とプロトタイプ — 150
設問 1	155
設問 2	155
設問 3	155

3. メトニミー — 155
設問 4	158

4. 語の意味 — 158
[**4.1**] プロファイルとベース	………………………………	158
[**4.2**] ICM	…………………………………………………………	159
設問 5		160
設問 6		160
設問 7		161

5. 抽象概念とメタファー ─ 161
- [5.1] 抽象概念の多面性とメタファー 164
- [5.2] 多義性とメタファー 164
- [5.3] 推論とメタファー 166
- [5.4] イディオムとメタファー 167
- [5.5] 構文とメタファー 168
- [5.6] 経験的基盤とメタファー 169
  - 設問 8 170
  - 設問 9 170

6. 事態の解釈 ─ 170
- 設問 10 172
- 設問 11 172

7. 概念融合 ─ 172
- 設問 12 174
- Further Reading 175

第 7 章 語用論 177

1. 語用論という領域 ─ 178
- [1.1] 文と発話 179
- [1.2] 語用論のアプローチ 180
- [1.3] 認知語用論（関連性理論） 180

2. 発話の論理形式 ─ 182

3. 表意 ─ 183
- [3.1] 曖昧性除去 183
  - 設問 1 184
- [3.2] 飽和 184
  - 設問 2 184
- [3.3] 自由拡充 185
  - 設問 3 186
- [3.4] アドホック概念形成 186
- [3.5] 基本表意と高次表意 187

	設問 4	188
[3.6]	文副詞と高次表意	188
	設問 5	189

4. 推意 —————————————————————— 189
[4.1] 前提推意と帰結推意 ·································· 189
　　　設問 6　　　　　　　　　　　　　　　　　　　190
[4.2] 強い推意と弱い推意 ·································· 190

5. 概念的情報を持つ表現 ————————————————— 191

6. 手続き的情報を持つ表現 ———————————————— 192
[6.1] but の手続き的情報（語句）························· 192
　　　設問 7　　　　　　　　　　　　　　　　　　　194
[6.2] any や ever の手続き的情報（表現グループ）······· 195
[6.3] 疑問文の手続き的情報（文形式）··················· 196

7. 記述的使用と帰属的使用 ———————————————— 197
[7.1] リポートとエコー的使用 ····························· 198
　　　設問 8　　　　　　　　　　　　　　　　　　　199
[7.2] アイロニー ·· 199

8. 日英比較 ——————————————————————— 201
[8.1] ッテやノダと「内緒の話だが」······················· 201
　　　設問 9　　　　　　　　　　　　　　　　　　　203
[8.2] not と〜（ノデハ）ナイ ······························ 203
　　　Further Reading　　　　　　　　　　　　　　205

索引 ————————————————————————————— 207
執筆者紹介 ——————————————————————————— 212

第1章
音韻論

窪薗晴夫

1. 母音と母音体系

[1.1] 母音体系

　人間の言語に**母音**（vowel）と**子音**（consonant）の2種類の音があることはよく知られている。母音とは [a, i, u, e, o] などの音で、一方、子音は [k, s, m] などの音を指す。**五十音図**（図1）では縦軸に母音、横軸に子音が並べてあり、子音と母音が一緒になって音節やモーラというまとまり（4節）を作る。日本語のかな文字はおおむね、このまとまりに対応する。

	w	r	y	m	h	n	t	s	k	子音 母音
ん	わ	ら	や	ま	は	な	た	さ	か	あ	a
	—	り	—	み	ひ	に	ち	し	き	い	i
	—	る	ゆ	む	ふ	ぬ	つ	す	く	う	u
	—	れ	—	め	へ	ね	て	せ	け	え	e
	—	ろ	よ	も	ほ	の	と	そ	こ	お	o

図1　五十音図

　母音の記述には図2のような**母音空間**がよく用いられる。これは図3の**発音器官**（organ of speech）における、舌の前後位置と舌の高さ（口の開き具合）を示したもので、例えば [i] という母音は舌の前の部分が高く盛り上がることによって作り出され、一方 [u] という母音は舌の後ろの方が高くなることによって作り出される。[a] の発音では口が大きく開き、舌全体が低くなる。母音は一般に次の3つの基準を用いて記述される。

(1)　a.　舌の位置（前舌、後舌）
　　　b.　舌の高さ（高舌、低舌）
　　　c.　唇の丸み（円唇、平唇）

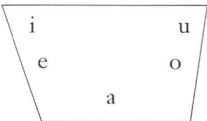

図2　母音空間

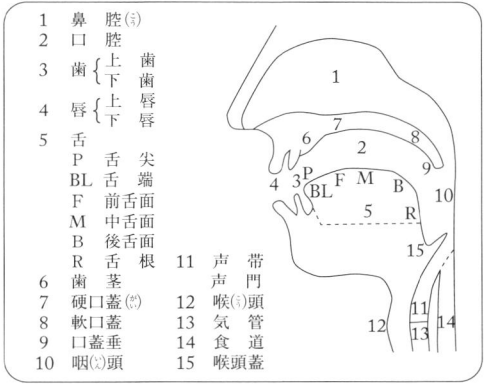

図3　発音器官

　図2の母音空間はすべての人間に共通したものであるが、この空間をいくつに分けるかによって、おおむね言語ごとの母音数が決まってくる。日本語の標準語は [a, i, u, e, o] の5つに分け、琉球方言やアラビア語は [a, i, u] の3つに分ける。標準語は5母音体系を、琉球方言やアラビア語は3母音体系を持つのである。標準語では [a] と [i] は asu（明日）— isu（椅子）のように意味の違いを作り出す。このように単語の区別に役立つ音の対立を音素対立と言い、それぞれの音を**音素**（phoneme）と呼ぶ。音素は通常 /a/, /i/ のように / / に入れて表記される。

　UPSID（UCLA Phonological Segment Inventory Database）によると、人間の言語に最も多い短母音体系は5母音体系であるという。つまり日本語の標準語のような5母音体系が自然言語では最も一般的ということになる。日本語には長母音を加えても、合計10個しか母音がない。一方、英語は表1に示すように母音音素が多い。二重母音（diphthong）だ

けでなく、短母音の数も日本語より多い。これは、英語が図2の母音空間を日本語より細かく分けていることを意味する。

表1　英語の母音音素

big [i]	beat [i:]	mate [ei]
met [ɛ]	pool [u:]	coat [ou]
push [u]	caught [ɔ:]	bite [ai]
dog [ɒ]	park [ɑ:]	out [au]
bat [æ]	first [ə:]	boil [ɔi]
cup [ʌ]		beer [iə]
ago [ə]		bear [ɛə]
		poor [uə]

　英語から日本語に入った外来語を見ると、英語のどの母音が日本語のどの母音と音声的に近い音かが分かる。英語の長母音や二重母音まで含めると表2のようになる。ちなみに英語の長母音と短母音は、それぞれ**緊張母音**（tense vowel）、**弛緩母音**（lax vowel）と呼ばれることも多い。これはいわゆる長母音と短母音が長さの違いではなく音質の違いによって区別されているという考え方に基づくもので、この考え方に従うと fit — feet は［fɪt］—［fit］、pull — pool は［pʊl］—［pul］というように、長音記号を用いずに異なる母音記号で表記される（本稿では伝統的な表記法に従う）。

表2　英語と日本語の母音

（短母音系列）

英語	[æ]	[ʌ]	[ə]	[i]	[u]	[ɛ]	[ɒ]
日本語		[a]		[i]	[u]	[e]	[o]
語例	bat	cup	ago	fit	pull	bed	dog

（長母音系列）

英語	[ɑ:]	[ə:]	[i:]	[u:]	[ɔ:]
日本語		[a:]	[i:]	[u:]	[o:]
語例	park	first	feet	pool	court

（二重母音系列）

英語	[ai]	[au]	[ei]	[ou]	[ɔi]	[iə]	[ɛə]	[uə]
日本語	[ai]	[au]	[e:]	[o:]	[oi]	[ia]	[ea]	[ua]
語例	bike	out	mail	coat	boil	beer	bear	poor

[1.2]　音の有標性

　五十音図（図1）は日本固有のものと思われがちであるが、その原型は古代インドで作り出され、仏教とともに日本に伝わったものである。この五十音図は「あ」に始まり「ん」で終わっている。「あ」は口を開いて最初に出す音、「ん」は口を閉じて出す最後の音であり、そこから、宇宙の始まりと終わりを表すとされる。「阿吽の呼吸」「阿吽の仲」という表現はここから出ており、また寺社の仁王像や狛犬を見ると一方が口を開いて「あ」と言い、他方が口を閉じて「ん」と言っている。

　ところで五十音図（図1）には5つの母音が並んでいるが、これらは無秩序に並んでいるわけではない。「あいうえお」は、人間の言語に出やすい5つの母音を、出やすい順番に並べたものとされている。「あ」が最も基本的だということは、赤ちゃんがこの母音を真っ先に獲得し、またすべての言語に共通して存在していることからも分かる。どの言語でも赤ちゃんが話す単語（papa, mama, マンマなど）には [a] という母音が多い。また「あっと言う間に」「人をあっと言わせる」といった日本語の慣用句に [a] という音が出てくるのも偶然ではない。

次に、上記のUPSIDによると、3母音体系の言語に一番多いのは[a, i, u]、4母音体系に多いのは[a, i, u, e]、5母音体系では[a, i, u, e, o]となる。つまり(2)のように母音が増えていく。言語学では基本的なものを**無標**（unmarked）、特殊なものを**有標**（marked）と呼んでいるが、五十音図は無標→有標という順に母音を並べているのである。

(2) a. a, i, u
　　b. a, i, u, e
　　c. a, i, u, e, o

五十音図と同じ順番が日本語の動詞活用にも観察される。五段活用では動詞語幹に続く母音が[a, i, u, e, o]の順になるように並んでいる。

(3) 行かない（ik-anai）
　　行きます（ik-imasu）
　　行く（ik-u）
　　行くとき（ik-utoki）
　　行けば（ik-eba）
　　行け（ik-e）
　　行こう（ik-oo）

[1.3] 二重母音と母音融合

二重母音とは音色の異なる2つの母音が連続して現れ、かつ、同じ音節に収まるものを指す。英語は表2の二重母音系列に示した8つの二重母音を持つ。二重母音は2つの母音要素が**母音融合**（vowel coalescence）を起こして長母音になる傾向を示すが、日英語の歴史を比較すると類似の母音融合が起こっていることが分かる。(4)に近代英語に起こった母音融合を示す。綴り字の変化が発音の変化に遅れて起こるため、綴り字が昔の発音を表すという状況が生じている。

(4) a.　[ai] → [ɛː] → [eː]（〜[ei]）　maid, sail
　　a′.　[ai] → [ɛː] → [ɛ]　said, again, against
　　b.　[au] → [ɔː]　caught, crawl

一方、日本語でも同様の変化が見られる。「長息→嘆き」は歴史的な

音変化、「痛い→いてえ」は現代日本語で起こっている現象である。

(5) a. ［ai］→［e］〜［e:］　嘆き（＜長息）、いてえ（＜痛い）
　　b. ［au］→［o:］　買うた〔近畿方言〕、ありがとう（＜ありがたう＜ありがたく）

> **設問 1**
>
> 「あ」は最も基本的な母音とされている。どのような現象からこのことが分かるか。

2. 子音と子音体系

[2.1] 子音体系

子音は空気の流れが少なからず阻害されることによって作り出され、一般に(6)の4つの基準によって記述される。このうち(6d)は口の中（口腔）で音が共鳴するか、それとも鼻腔で共鳴するかという基準である。子音の記述は(1)で述べた母音の記述と重なる部分が多く、(6a)は母音を記述する際の(1a)の基準に、(6b)は(1b)の基準にそれぞれ対応する。一方、母音は基本的にすべて有声であり、また鼻腔ではなく口腔内で作り出される。このため(6c)と(6d)の基準は母音の区別には二次的にしか用いられない。

(6) a. 空気の流れが阻害される場所（**調音点**、place of articulation）
　　b. 空気の流れが阻害される程度（**調音法**、manner of articulation）
　　c. 声帯振動の有無（**有声・無声**、voice）
　　d. 鼻音性（鼻音（nasal）か否か、nasality）

この基準を用いて英語の子音体系を表すと表3（次ページ）のように、日本語の子音体系は表4（次ページ）のようになる。いずれも、横軸が(6a)の調音点、縦軸が(6b)の調音法を表す。縦軸では、下に行くに従って空気の流れが自由になる、つまり、より母音に近づくことを意味する。

英語の方が日本語より子音の数が多い。このため日本語の外来語で

は、英語の複数の子音が同じ子音として取り入れられることになる。

(7) a. sink, think → シンク
　　b. seat, sheet → シート
　　c. leader, reader → リーダー
　　d. van, ban → バン

表3　英語の子音体系

調音法 \ 調音点		両唇	唇歯	歯間	歯茎	硬口蓋歯茎	軟口蓋	声門
閉鎖音	無声	p			t		k	
	有声	b			d		g	
摩擦音	無声		f	θ	s	ʃ		h
	有声		v	ð	z	ʒ		
破擦音	無声					tʃ		
	有声					dʒ		
鼻音		m			n		ŋ	
側音					l			
半母音		w			r	j	(w)	

表4　日本語の子音体系

調音法 \ 調音点		両唇	歯茎	硬口蓋歯茎	軟口蓋	声門
閉鎖音	無声	p	t		k	
	有声	b	d		g	
摩擦音	無声		s			h
	有声		z			
鼻音		m	n			
弾音			r			
半母音		w		j	(w)	

[2.2] 子音の有標性

　母音の場合と同じように、子音にも基本的（無標）なものと特殊（有標）なものが存在する。基本的な子音とは、赤ちゃんの獲得が早く、多くの言語に存在する音であり、逆に特殊な子音は赤ちゃんの獲得が遅く、少数の言語にしか存在しない音である。(8) によく報告されているものを挙げる（A＞B は、A が B より基本的で、習得が早いことを表す）。

(8)　a.　調音点：　両唇、歯茎　＞　軟口蓋
　　　b.　調音法：　閉鎖音　＞　摩擦音
　　　c.　閉鎖音・摩擦音・破擦音：　無声　＞　有声
　　　d.　閉鎖音・摩擦音・破擦音以外：　有声　＞　無声

　(8a) の調音点については、唇の音（[p, b, m]）が赤ちゃんにとって習得しやすい。このことは [papa]、[mama]、[ba:ba] のような赤ちゃんことばに現れている。逆に口の奥で作る子音は難しく、英語を母語とする赤ちゃんは次のような置き換えをすることが知られている。

(9)　key [ki:] → [ti:]，go [gou] → [dou]，cow [kau] → [tau]

　(8b, c) はそれぞれ (10)(11) のような赤ちゃんの発音に現れてくる。いずれも難しい音をやさしい音に置き換える現象である。

(10)　a.　that → dat，van → ban，sun → tun，jam → dam，
　　　　　move → mobe [mu:b]
　　　b.　父さん → とうたん
(11)　bad → bat，bag → back

　(8c) と (8d) の違いはおもしろい。閉鎖音（p, t, k, b, d, g）や摩擦音（s, z, f, v など）のように、空気の流れが比較的大きく阻害される子音は声帯振動を伴わない（つまり無声となる）のが自然であり、一方、鼻音や半母音のように、空気の流れが阻害されず母音に近い子音は声帯の振動を伴う（つまり有声となる）のが普通である。これは、空気が阻害される度合いと声帯の振動が連動していることを意味している。日本語の**清音・濁音**の区別はこの「声」の問題と関係しており、(8c, d) において無標な子音が作り出す音節（ta, mu, ro など）が清音、有標な子音を含む音節

（da, ga, za など）が濁音と呼ばれている。

　ついでながら、日本語の五十音図（図1）は (8a) の調音点と密接に関係している。「あかさたなはまやらわ」という配列順は決して恣意的なものではなく、まず子音性の高い子音 (k, s, t, n, h, m) と母音に近い子音 (j, r, w) に二分し、それぞれを口の奥（軟口蓋）で調音される子音から口の前の部分（唇）で作り出される子音へと並べている。(12) のように並べてみると五十音図（図1）と発音器官（図3）との対応がよく分かる（ちなみに日本語のハ行音は、かつて、唇で発音される [p] の音であった）。

(12) 五十音図と調音点

w	r	j	‖	m, h	ǀ	n, t, s	ǀ	k	ǀ
唇	歯茎	硬口蓋		唇		歯～歯茎		軟口蓋	

設問 2

英語の seat と sheet が日本語で同じ発音（シート）になるのはなぜか。

3. 形態音素交替

　Spain と line の形容詞はそれぞれ Spanish, linear である。heal と wide の名詞は health と width である。これらの語では形態構造の変化に伴って、発音も変わっているのが分かる。言い換えると、形態的に関連する語の間で母音の交替が起こる。英語にはこのような母音交替を示す語が数多い。

(13) 母音の交替

　　[ei] ～ [æ]　Sp<u>ai</u>n — Sp<u>a</u>nish,　　v<u>ai</u>n — v<u>a</u>nity
　　[ai] ～ [i]　l<u>i</u>ne — l<u>i</u>near,　wi<u>d</u>e — wi<u>d</u>th,　w<u>i</u>se — w<u>i</u>sdom,
　　　　　　　ch<u>i</u>ld — ch<u>i</u>ldren
　　[i:] ～ [ɛ]　h<u>ea</u>l — h<u>ea</u>lth,　ser<u>e</u>ne — ser<u>e</u>nity
　　[ou] ～ [ɒ]　h<u>o</u>ly — h<u>o</u>liday,　g<u>o</u> — g<u>o</u>ne

(13) のような交替を**形態音素交替**（morphophonemic alternation）とい

い、そのような交替のもととなっている音を**形態音素**(morphophoneme) と呼ぶ。形態音素交替とは１つの**形態素**（意味の最小単位）が、複数の音素として実現することを意味する。例えばSpainという形態素では、母音が [ei] と [æ] の二通りに実現する。bake [beik] と back [bæk] が異なる語であることからも分かるように、英語では [ei] と [æ] は異なる音素である。ここからSpainという形態素において、母音が複数の音素に実現していることが分かる。図示すると次のようになる。ここではSpainという形態素に //ei// という母音（形態音素）を仮定し、この母音が /ei/ と /æ/ という複数の音素に実現していることを示している（形態音素は通常、二重のスラッシュ // // に入れる）。

(14) 形態音素

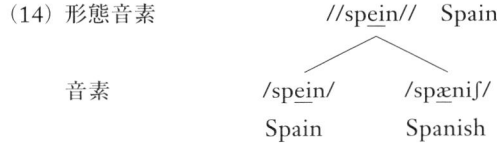

日本語にも同様の現象がいくつも見られる。例えば「風車」は「かぜくるま」とは読まずに「かざぐるま」と読む。「風」と「車」は単独では「かぜ」「くるま」であるから、これらの形態素が複数の音素に実現していることが分かる。

(15)

4. 音節とモーラ

[4.1] 音節と音節構造

音節(syllable) は子音と母音を束ねた単位で、母音（V）に子音（C）が付いた形をとる。例えば英語のcalendarという語は３つの音節 (ca.len.dar) からできている（ドットは音節境界を示す）。日本語の「カレンダー」も同様である (ka.ren.daa)。母音の前にある子音を**頭子音**

（onset）、母音の後ろの子音を**尾子音**（coda）と呼び、音節の核となっている母音を**核**（nucleus）という。例えば日本語の「レン」という音節は次のような構造を持っている。

(16)

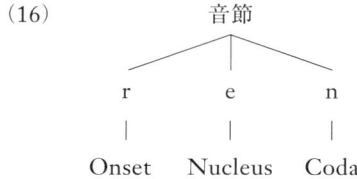

　頭子音と尾子音の位置にいくつの子音が生起するかは言語によって異なる。日本語では、頭子音位置に０～２個、尾子音の位置に０～１個の子音が許容される。つまり、［i］（胃）や［e］（絵）のように母音だけから成る音節もあれば、/tjan/（太郎ちゃん）や /pjon/（ピョンピョン）のように母音の前に子音が２つ、母音の後ろに子音が１つという音節もある。日本語の音節構造は V から CCVC までの範囲に分布しているのである。頭子音や尾子音の中に子音が連続する構造は**子音連結**（consonant cluster）と呼ばれている。

　英語の音節構造は日本語より多様で、頭子音位置には０～３個、尾子音位置にも０～３個の子音が連続することができる。［ai］（eye）や［ou］（owe）のように母音だけから成る音節が許容される一方で、strength［strɛŋkθ］という CCCVCCC の構造も存在する。V～CCCVCCC の範囲の音節構造が許容されるのである。

　尾子音があるかどうかによって、音節は**開音節**（open syllable）と**閉音節**（closed syllable）に分類される。前者は母音で終わる音節、後者は母音の後ろに子音（尾子音）が続く構造である。日本語は典型的な開音節言語であり、閉音節が生じるのは /kan/（缶）や /gak.ki/（楽器、学期）のように、母音の後ろに撥音の「ん」と促音の「っ」が付く場合だけである。身体を表す基本語彙を見てみても圧倒的に開音節が多い。

(17) 目（me）、手（te）、頭（a.ta.ma）、鼻（ha.na）、口（ku.ti）、
　　 耳（mi.mi）、足（a.si）…

これに対し、英語は典型的な閉音節言語であり、特に1音節の語には閉音節が多い。身体語彙を見ても、eye や ear を除く語はすべて閉音節である。

(18) eye [ai], hand [hænd], head [hɛd], nose [nouz], mouth [mouθ]
　　 ear [iə], foot [fut], leg [lɛg] …

英語と日本語の違いは、英語から日本語に入った外来語を見るとよく分かる。日本語では英語の尾子音の後ろに母音を挿入することにより、閉音節を開音節に変えようとする。

(19) [hænd] → han.do (ハンド)
　　 [hɛd] → hed.do (ヘッド)
　　 [nouz] → nou.zu (ノウズ)

伝統的な研究では英語は閉音節言語、日本語は開音節言語と分類されてきたが、これは適切な分類とは言えない。というのも、開音節と閉音節は必ずしも対立する概念ではなく、開音節を前提に閉音節が存在するからである。ちょうど [a] という母音を前提にして他の母音が存在するように、音節構造では開音節が基本で、それを前提にして閉音節という特殊な音節構造が生起する。その証拠に、開音節だけしか持たない言語は存在しても、閉音節だけという言語は存在しない。閉音節の存在は常に開音節の存在を含意しているのである。また閉音節を多用する英語であっても、赤ちゃんは開音節から習得し、(20) に示すように閉音節を開音節で発音しようとする。

(20) dog → [da], [dada]
　　 bed → [bæ]
　　 fish → [fi]
　　 cat → [kaka]
　　 milk → [mi]

このように尾子音はない方が無標（基本）であるが、それとは対照的に、頭子音は存在する方が無標である。V よりも CV の構造の方が基本的であり、V という音節構造を許容しない言語でも CV という構

造は必ず持っている。また、子音がある場合には、1個というのが無標であり、子音連結は特殊な構造である。例えば英語を母語とする赤ちゃんは、次のような形で子音連結を避けようとする。

 (21) bread → [bɛd]
    free → [fi:]
    street → [ti:t]
    stop → [tɒp]
    please → pease [pi:z]

このように見てみると、人間の言語にとって最も基本的な音節構造は、開音節の中でも母音の前に1個の子音が付いた形（CV）であることが分かる。この音節構造を持たない言語はなく、また赤ちゃんはどの言語でもこの音節構造を先に獲得し、その後で頭子音がない構造（V）や尾子音が付いた構造（CVC）、子音連結の構造（CCV, CVCC…）を獲得するとされている。

[4.2]　モーラ

音節とならんで用いられるのが**モーラ**（mora, 拍）という単位である。音節が母音を中心としたまとまりを表すのに対し、モーラは音節より小さな単位であり、長さを数える単位として用いられる。多くの場合、長母音や二重母音は2モーラの長さを持ち、また尾子音も1モーラとして数えられる。日本語の「カレンダー」という語は、1モーラ（カ）+ 2モーラ（レン）+ 2モーラ（ダー）という3音節・5モーラの長さを持っている。音節とモーラの数え方の違いは、長母音・二重母音を1つと数えるか2つと数えるか、また尾子音を独立したものと数えるかどうかによって生じる。表5に日本語の例を使って両者の違いを示す。

表5　日本語の音節とモーラ

単語	音節	モーラ
オバマ	3 (o.ba.ma)	3 (o-ba-ma)
ブッシュ	2 (bus.syu)	3 (bu-s-syu)
クリントン	3 (ku.rin.ton)	5 (ku-ri-n-to-n)
トヨタ	3 (to.yo.ta)	3 (to-yo-ta)
ホンダ	2 (hon.da)	3 (ho-n-da)
ニッサン	2 (nis.san)	4 (ni-s-sa-n)

　モーラという単位は俳句や短歌のリズムに用いられている。俳句や川柳の五七五というリズムや短歌の五七五七七というリズムは、ともにモーラを単位として語の長さを数えることによって作り出される（ちなみに日本語のモーラはおおむね、かな文字に対応する）。一方、音節を数えると、日本語の詩のリズムは統一的に捉えられなくなる。次にいくつか俳句と川柳の例を挙げる。参考までに音節で数えたときの長さを（　　）に示す。

　　(22) a. やせがえる　まけるな一茶　これにあり（5・6・5）
　　　　 b. 人の死を　無駄にはしない　ワイドショー（5・6・3）
　　　　 c. 長電話　怒った母も　長電話（4・6・4）

　この他にも、日本語の言語現象にはモーラなしではうまく記述できない現象が数多い。例えば**短縮語**には、「2モーラ以上」という条件が観察される。つまり、(23)のように2モーラの短縮形は許容されても、1モーラの短縮形は許容されない（*は不適格なことを示す）。「やくざ」のように1モーラしか残さない場合でも、母音が長くなって2モーラの長さが保たれる。最小2モーラというのは、日本語だけでなく多くの言語の短縮語に課される条件（**最小性制約**、minimality constraint）である。

　　(23) のむら（野村）→のむ、*の
　　　　 めぐみ（恵）→めぐ、*め
　　　　 やくざ→やあさん、*やさん
　　　　 チョコレート→チョコ、*チョ

ストライキ→スト、*ス

日本語では短縮語以外の語彙にもこの条件は観察され、(24)のように、複数の方法で1モーラの語を2モーラ以上の長さにしようとする。

(24) a. 「お」などの要素を付加する
酢→お酢、麩→お麩、背→背中、子→子供、
田→田んぼ、名→名前、菜→菜っ葉、根→根っこ
b. 別の語で置き換える
尾→しっぽ、戸→ドア、屁→おなら、身→体、身体
c. 母音を長くする（近畿方言）
手→てえ、目→めえ、血→ちい、毛→けえ、歯→はあ

[4.3] 音節言語とモーラ言語

ロシアの言語学者 N. Trubetzkoy（トゥルベツコイ）は、基本的な韻律単位が何であるかによって人間の言語は「音節言語」と「モーラ言語」の2種類に大別できると考えた。音節言語とは音節を基本単位とする言語、一方、モーラ言語はモーラを基調とする言語である。Trubetzkoy によると英語は音節言語、日本語（標準語）はモーラ言語に分類される。

人間の言語を音節言語とモーラ言語に分ける考え方は、言語間の違いをある程度捉えている一方で、音節とモーラを共存できない単位として捉えるという問題点をはらんでいる。実際には、英語のような「音節言語」にもモーラは必要であり、一方、日本語（標準語）のように「モーラ言語」とされる言語にも音節が不可欠となる。

例えば英語では、1音節の語は多いが1モーラの語は許容されない。[pin] pin や [pi:] pea という2モーラの1音節語は存在するが、[pi] という1モーラの長さの1音節語は存在しない。偶然に存在しないのではなく、構造的に許容されないのである。この制限（最小性制約）は日本語の (23) – (24) に見られる制限と同じもので、またタイ語や中国語など多くの言語に観察される。最小性制約は英語のアルファベット発音

にも表れており、アルファベットを1つずつ語として発音する場合には A は [æ] ではなく [ei]、B も [b] や [bi] ではなく [biː] と 2 モーラ（以上）の長さで発音される。

　一方、モーラ言語とされる日本語（標準語）の記述にも音節という単位が不可欠となる。例えば外来語の短縮形には (23) で述べた「2 モーラ以上」という条件だけでなく、「2 音節以上」という条件も課される。チョコ（＜チョコレート）やスト（＜ストライキ）という 2 音節 2 モーラの短縮形はあっても、*パン（＜パンフレット）や*シン（＜シンポジウム）、*パー（＜パーマネント（ウェーブ））という短縮形が許容されないのはこのためである。2 モーラの音節で始まる語は 3 モーラ目までを残して、2 音節の短縮形（パンフ、シンポ、パーマ）が作り出される。

　このように、日本語の記述にもモーラだけでなく音節という概念が必要となる。英語に音節だけでなくモーラという概念が必要なことと考え合わせると、同一の言語体系内に音節とモーラの 2 つの概念が共存できることが分かる。つまり音節とモーラは二者択一的な関係にあるのではなく、補完的な関係にある。人間の言語を「音節言語」と「モーラ言語」に分類する見方が適切ではないことが分かる。

設問 3

　音節とモーラはどのように異なるか。日本語に音節とモーラの両方が必要な理由は何か。

5. アクセント

[5.1] 高低アクセントと強弱アクセント

　1 つひとつの音（母音、子音）が連結した際に生じる現象は**プロソディー** (prosody) と総称されており、その代表的なものが語アクセント (word accent)、リズム (rhythm)、イントネーション (intonation) である。このうち語アクセントは単に**アクセント** (accent) と呼ばれることが

多い。

　例えば日本語（標準語）の「雨」は高低で発音され、低高で発音されると「雨」とは認知されにくくなる（低高のアメは「飴」と解釈される）。このように単語に備わった特性として生じるのが語アクセントである。伝統的な類型論では、語アクセントは日本語のような**高低アクセント**（ピッチアクセント、pitch accent）と英語のような**強弱アクセント**（ストレスアクセント、stress accent）に大別される。前者は上述の「雨」のように、音の高低（ピッチ、pitch）によって作り出される。後者は音の強弱によって作り出されるものとされ、**強勢**（stress）ないしは語強勢（word stress）と呼ばれることが多い。英語の語強勢は、実際には強さだけでなく他の要素（高さや長さ、音質）も伴って実現されることが多く、例えば banana [bənǽnə] という語は 2 音節目（na）が他の音節よりも強く、長く、高く、明瞭に発音される。一方、強勢のない音節は、相対的に弱く、短く、低く、そして曖昧母音（schwa [ə]）で発音される。日本語の「バナナ」を構成する各音節が、強さや長さ、母音の音色の違いを伴わないのとは対照的である。ちなみに、高低アクセントが高低の差で表されるのと同様に、強弱アクセントも強弱の差で現れるため、英語では強勢のある音節を強く発音するだけでなく、強勢のない音節をいかに弱く短く発音するかが肝要となる。

　高低アクセントと強弱アクセントは、方言間差異の程度に大きな違いを見せる。強弱アクセントはアクセント構造に地域差が小さく、例えば英語の De.cem.ber という語は、イギリスでもアメリカでもオーストラリアでも 2 音節目にアクセント（強勢）が置かれる。これに対し、高低アクセントである日本語は方言差が大きく、例えば「雨」と「飴」は次のような地域差を見せる（高い傍線は高く発音される部分を示す）。同じ語が複数のアクセント型で発音されるだけでなく、同じアクセント型が地域によって異なる意味を持っているのである。

(25)　　　　　　雨　　　　　　飴
　　東京　　　ア̄メ　　　　　アメ̄
　　京都　　　アメ̄　　　　　ア̄メ
　　長崎　　　ア̄メ　　　　　ア̄メ
　　鹿児島　　アメ̄　　　　　ア̄メ̄

　もちろん、方言差は「雨―飴」のような同音異義語だけに見られるわけではない。日常的に使う「ありがとう」のような語や「マクドナルド」のような外来語にも同様の差が見られる。

(26)
　　東京　　　　アリ̄ガトウ　　　マ̄クドナルド
　　京都　　　　アリガト̄ウ　　　マクドナ̄ルド
　　長崎　　　　ア̄リガトウ　　　マ̄クドナルド̄
　　鹿児島　　　アリガト̄ウ　　　マクドナ̄ルド

　強弱アクセントの英語と高低アクセントの日本語（標準語）が示すもう1つの大きな違いは、平坦なアクセント型（平板型アクセント）を許すか否かという点である。例えば3音節語を例にとると、英語では次のようにアクセントの位置によって3つの型が生じる。

　(27)　　　Gér.ma.ny, com.pú.ter, Jap.a.nése

　これに対し日本語（標準語）では(28)のように4つの型が生じる（/⌐/はピッチが下がる位置を示す）。標準語を含む日本語の多くの方言ではピッチの下降位置がアクセント型の区別に関与してくるが、それぞれの音節の直後でピッチ下降が起こる3つの型に加えて、助詞が付いてもピッチが下がらない(28d)の型（平板型）が4つ目の型として許容される。このメリハリのないアクセント型を許すかどうかが、強弱アクセントと高低アクセントを区別する1つの基準となる。

(28) a.　い⌐のち（い̄のちが）
　　 b.　ここ⌐ろ（こ̄こ̄ろが）
　　 c.　おとこ⌐（お̄とこが）
　　 d.　ねずみ（ねず̄み̄が̄）

[5.2] アクセントの機能

(25)のような例を見ると、アクセントは語と語を区別するために存在しているように思えるかもしれないが、実際にはそうではない。日英語いずれにおいても語と語を区別する機能（**弁別機能**、**弁別性**）は低く、同音語の中でアクセントによって区別される比率は日本語（標準語）では14%、英語ではさらに低く0.5%程度であるとされる。日本語（標準語）では(29)のような語がアクセントによって区別される一方で、(30)のように区別できない語も数多い。英語においてアクセントで区別される語は基本的に(31)のように品詞の違いを示す少数の語だけである。

(29) ハナ：ハナ（人名）、花、鼻
　　 タンゴ：丹後（の国）、単語
　　 ソウチョウ：総長、早朝
　　 コウコウ：孝行、高校
　　 フダン：普段、不断（の努力）
　　 ミヤギサン：宮城さん（人名）、宮城山、宮城産

(30) クモ：雲、蜘蛛
　　 トウ：十、塔、唐、糖、党
　　 キケン：危険、棄権
　　 タンゴ：丹後（の国）、タンゴ（の踊り）
　　 ジョソウ：女装、除草、助走、序奏
　　 オショクジケン：汚職事件、お食事券

(31) incréase（動詞）— íncrease（名詞）
　　 expórt（動詞）— éxport（名詞）
　　 expért（形容詞）— éxpert（名詞）
　　 frequént（動詞）— fréquent（形容詞）

ちなみに、英語より日本語の方がアクセントの弁別機能が高いのは、1つには(28d)のような平板型アクセントの語があるために、アクセントの有無によって語の区別が可能となるからである。事実、(29)のようなペアの大半はアクセントの位置でなく有無によって区別されている。

ではアクセントの主な機能は何かというと、文の発音において語や句のまとまりを示す機能（**頂点表示機能、境界表示機能**）である。例えば (32) の文は 5 つのアクセントの山を作り出し、5 つの自立語を含んでいることが分かる。逆に、アクセントがない文は、書きことばにたとえると (33) のようなかな文字だけの文のようなものである。1 つ 1 つの音や音節は分かっても文がどこで切れているのか分かりにくく、文の意味を理解しづらい。英語でも主強勢（第一強勢）は 1 語に 1 つであり、強弱のメリハリによって語のまとまりと、語と語の間の境界が示される。

(32) ハナは総長と丹後でタンゴを踊った。

(33) はなはそうちょうとたんごでたんごをおどった。

[5.3] アクセント規則

アクセントの弁別機能が低いということは、アクセントの構造がある程度予測できることを意味している。英語でも日本語でも、品詞（名詞、形容詞、動詞…）や形態構造（単純語、派生語、複合語）などの情報が与えられると、アクセント型が決まってくることが多い。つまり、**アクセント規則**に支配されているのである。例えば単純名詞であれば、英語でも日本語でも語末から数えて 2 つ目か 3 つ目の音節にアクセントが置かれることが多い。逆の見方をすると、語末音節や語末から 4 つ目の音節にアクセントが置かれることは比較的少ない。

(34) banána, Nagasáki; Cánada, bálcony, América
(35) バ⌐ナナ、カ⌐ナダ、ワシ⌐ントン、え⌐んどう（遠藤）、あ⌐きた（秋田）

自立語に接辞（接頭辞、接尾辞）が付く派生語になると、さらにアクセント位置の予測が可能となる。英語の接尾辞には (36a) のように自立語のアクセント位置を変えるものと、(36b) のように変えないものの 2 種

類がある。

(36) a. -ity：eléctric — electrícity, públic — publícity
-ous：víctory — victórious, índustry — indústrious
b. -ness：háppy — háppiness, prepáred — prepáredness
-ful：béauty — béautiful, wónder — wónderful

　日本語の派生語は基本的に複合語（自立語＋自立語）と同じアクセント規則に支配されているが、(37a)のように語全体を平板型にしてしまう接尾辞と、(37b)のように自立語にそのまま付いてアクセント型を変えないものがある。

(37) a.　性：き⌐んだい—きんだいせい（近代性）
　　　美：は⌐る—はるみ（春美）
b.　さん：は⌐るこ—は⌐るこさん（春子さん）
　　君：た⌐ろう—た⌐ろうくん（太郎君）

[5.4] 複合語アクセント規則

　複合語（compound, compound word）になると、さらにアクセント型の予測が容易となる。複合語というのは語と語が一緒になって１つの大きな語となるものである。ちょうど２つの会社が合併した際に、社長が二人から一人になるのと同じように、複合語の場合にもいずれかの要素のアクセントが消えて、他方が残るという形をとる。論理的に考えて、左側の要素のアクセントが生き延びるか、右側の要素のアクセントが生き延びるかという２つの可能性があるわけであるが、英語は祖先であるゲルマン語の伝統を受け継いで、前者のパターンをとる。つまり、右側要素のアクセントが弱化し、左側要素のアクセントがそのまま複合語全体のアクセントとして残る。

(38)　bláck ＋ bóard → bláckboard（黒板）
　　　　white ＋ hóuse → White House（大統領官邸）

　これに対し日本語（標準語）の複合語は右側要素のアクセントを残す傾向が強い。

(39) サ⌐ッカー＋ク⌐ラブ → サッカーク⌐ラブ
　　 テ⌐レビ＋あ⌐さひ → テレビあ⌐さひ（テレビ朝日）
　　 ディ⌐ズニー＋シ⌐ー → ディズニーシ⌐ー

　この例外となるのが（40）のように平板化してしまう複合語である。「色」や「党」などの要素は複合語全体を平板化する機能を持っている。もっともこの場合でも、右側要素が左側要素を支配することには変わりない。

(40) オレ⌐ンジ＋いろ⌐ → オレンジいろ（色）
　　 れ⌐んが＋いろ⌐ → れんがいろ（レンガ色）
　　 じ⌐みん＋と⌐う → じみんとう（党）
　　 み⌐んしゅ＋と⌐う → みんしゅとう

> **設問 4**
> 　強弱アクセントと高低アクセントはどのような点において異なるか。両者の違いはどのような現象に現れるか。

6. 文アクセントとイントネーション

[6.1]　文アクセント

　前節で見たように、アクセントは「語」に備わった音韻特徴である。では複数の語が連続して句（phrase）や文（sentence）を作るときには、どのような現象が生じるのであろうか。英語にも日本語にも、名詞や形容詞、動詞のように実質的な意味を持つ語（**内容語**、content word）と、助詞や助動詞、前置詞のように実質的な意味を持たない語（**機能語**、function word）が存在する。内容語と機能語が結合して句が作り出されるが、日英いずれの言語でも、内容語のアクセントが機能語のアクセントよりも優勢である。例えば英語の慣用句では、内容語のアクセント（強勢）が句全体を支配する。

(41) at áll, at fírst, at lást, from tóp to tóe, in áll,
　　 around the clóck, on éarth

　日本語でも名詞や動詞のアクセントが助詞や助動詞のアクセントより優勢であり、後者が生き残るのは、前者がアクセントを持たない場合、つまり（42d）のように内容語が平板型の場合である。

(42) a.　きょ ˥ うと＋から → きょ ˥ うとから（京都）
　　 b.　きょ ˥ うと＋ま ˥ で → きょ ˥ うとまで
　　 c.　とうきょう＋から → とうきょうから（東京）
　　 d.　とうきょう＋ま ˥ で → とうきょうま ˥ で

　では内容語と内容語が連続して大きな句を作る場合にはどうであろう。英語では、内容語＋内容語が結合すると後者の内容語のアクセントが前者よりやや優勢になり、例えば tall building（高いビル）は tall よりも building のアクセントが強くなる。

(43) táll + búilding → tàll búilding

　これに対し日本語では、(44) のように後ろの内容語が音声的に弱くなり、最初の内容語が優勢になる。つまり英語とは逆のパターンが生じる。日本人の英語が (45) のようになってしまうのは、この違いに起因する。

(44) たか ˥ い　ビ ˥ ル

(45) táll + búilding → táll bùilding

[6.2]　イントネーション

　文レベルの高さの指定を**イントネーション**（intonation）と言う。アメリカの言語学者 K. Pike（パイク）は音の高低がどのレベルで意味の区別に役立つかという基準で、言語を**声調言語**（tone language）、**語ピッチ言語**（word pitch language）、**イントネーション言語**（intonation language）の3つに分類した。声調言語とは音節ごとに高さが指定され、それが意味の区別に役立つ言語で、1音節に4つの高さの区別（声調）を持つ中国語（北京官話）が典型的なものとされる。

(46) 中国語（北京官話）の声調
　　1声（高平）：mā 母親
　　2声（上昇）：má 馬
　　3声（下降上昇）：mǎ 罵る
　　4声（下降）：mà 麻

これに対し語ピッチ言語とは、いくつかの音節が結合して語が作り出されるレベルで高さが意味の区別に役立つ言語であり、日本語がその典型とされる。標準語では(25)に示した雨（あめ）と飴（あめ）のように、語全体に指定された高低によって意味が区別される。語ごとに高さが指定されるという意味で、5節で述べた高低アクセント（ピッチアクセント）と同義である。

最後にイントネーション言語とは、音節や語ごとに高さが決まっておらず、文のレベルで初めて高さが意味の区別に役立つ言語である。例えば英語は次の2文の中で、coffee が低高で発音されると疑問文になり、高低で発音されると平叙文になる。coffee という語自体には高さが指定されておらず、文の種類によって高低が決まってくるのである。ちなみに文の種類にかかわらず cóffee は強弱という型を持つことから、この型が coffee という語に備わった特徴（つまり語アクセント）であることが分かる。

(47) a.　Coffee? ↗（コーヒーにします？）
　　 b.　Yes, coffee, ↘ please.（はい、コーヒーをください。）

同様に、次の文も文末の高さによって意味が区別される。

(48) a.　I beg your pardon? ↗（もう一度言ってもらえませんか？）
　　 b.　I beg your pardon. ↘（すみませんでした。）

Pike の分類について1つ注意すべきことは、声調や語ピッチとイントネーションは二者択一的なものではなく、声調言語や語ピッチ言語

であっても文レベルの高さ指定（イントネーション）を持っているということである。例えば中国語でも日本語でも、多くの場合に疑問文は文末が上昇調で発音される。換言すると、文末の高さが文の種類を表すことに役立つ。例えば日本語では語ピッチとして「語」に備わっている特徴とイントネーションとして「文」に指定されている特徴が共存しており、(49)に示すように、文の特徴（文末上昇↗）は語の特徴（あめ）に付け加えられる形となる。

(49) a. あ‾め↗（雨？）
b. そう、あ‾め（雨。）

このように、イントネーションはイントネーション言語だけに備わった特徴ではなく、すべての言語が持ちうる特徴である。Pike が言うところのイントネーション言語とは、声調や語ピッチを使わず、イントネーションだけを用いる言語——文のレベルで初めて高さを意味の区別に用いる言語——と見ることができる。

> **設問 5**
>
> 句や文の発音において、日本語と英語はどのように異なるか。日本人の英語はどのような間違いを犯す可能性があるか。

7. リズム

文アクセントやイントネーションとならんで文のレベルで観察される現象が**リズム**（rhythm）である。リズムという語は元々ギリシャ語の「流れる」を意味する語に由来し、言語においては一定の構造が繰り返すこと、ないしは、そのような繰り返しから生じる快適な感覚を意味する。例えば**頭韻**や**脚韻**は、特定の音や音の連続が繰り返されることによって発音しやすい構造を作り出す。

(50) 英語の頭韻
　　　Mickey Mouse, Minnie Mouse, Donald Duck,

　　　　Daisy Duck, Marilyn Monroe, Charles Chaplin
　　　　Clark Kent（映画 Superman の主人公）
　　　　Peter Parker（映画 Spiderman の主人公）
　（51）英語の脚韻
　　　　Well begun is half done. [ʌn]
　　　　　（初めがよければ半ば終わったも同然）
　　　　No pains, no gains. [einz]（虎穴に入らずんば虎児を得ず）
　　　　See you later, alligator. [eitə]（じゃあ、また）
　　　　— After a while, crocodile. [ail]（またね）

　話しことばにおいては、**音節拍リズム**（syllable-timed rhythm）と**強勢拍リズム**（stress-timed rhythm）の2種類のリズムがあるとされている。前者は各音節が同じ長さで繰り返されるリズムであり、後者は強勢（文アクセント）が等間隔に繰り返されるリズムである。図示すると次のようになる。

　（52）a.　音節拍リズム
　　　　　　○○○○○○○○…
　　　　b.　強勢拍リズム
　　　　　　○○○○◯　○○◯　○　◯　○○◯○○○…

　日本のリズムは各音節ではなく各モーラが同じ長さを持つ傾向を示すことから、**モーラ拍リズム**（mora-timed rhythm）と呼ばれることも多い。例えば表5で挙げた「ホンダ」（2音節3モーラ）は「ニッサン」（2音節4モーラ）と同じ音節数を持つが、実際には「トヨタ」（3音節3モーラ）とほぼ同じ長さを持つ。(22)に紹介した俳句や川柳でもリズムの基本単位となっているのは音節ではなくモーラである。モーラという単位が同じ長さで連続するということから、モーラ拍リズムは(52a)に図示した音節拍リズムと同じ原理に基づいていると言える。

　ちなみに、音節拍リズムやモーラ拍リズムは同じ長さの単位が連続することから「連続のリズム」（rhythm of succession）、「機関銃リズム」（machine-gun rhythm）とも呼ばれることもある。英語話者にとって日本語は機関銃のように「ダダダダダダダダ」というような単調な繰り返

しに聞こえるようである。一方、強勢拍リズムは、強勢のある音節とない音節が交替することから「交替のリズム」(rhythm of alternation)や「モールス信号リズム」(Morse-code rhythm)と呼ばれることがある。英語のリズムは強と弱がほぼ交互に現れることから、日本語話者にはモールス信号のようにメリハリのきいたリズムに聞こえる。

　強勢拍リズムの特徴として、英語は強勢のある音節をほぼ等間隔に発音するために、一方では強勢のない音節がいくつも続くことを嫌い、他方では強勢のある音節が連続することを避けようとする。強勢のない音節が多く続く単語では、(53)のように**第2強勢**(secondary stress)と呼ばれる副次的なアクセントが出てくる。一方、強勢音節が衝突しそうな場合には、その部分をゆっくり発音するか、あるいは(54)のような**リズム規則**によって弱強強から強弱強という構造が作り出される。このような手段によって、英語は強勢音節がほぼ等間隔に出てくる構造を目指そうとするのである。

(53) Japanése → Jàpanése
　　 constitútion → cònstitútion
　　 internátional → ìnternátional
(54) Jàpanése téam → Jàpanese téam
　　 thirtéen mén → thìrteen mén
　　 Princéss Ánne → Prìncess Ánne

> **設問 6**
> 　話しことばに観察される2つのリズムとは何か。また英語のリズムと日本語のリズムはどのような共通点と相違点を示すか。

Further Reading

» **Fudge, Erik** (1984) *English Word-Stress* (George Allen & Unwin)
英語の語強勢と強勢付与に関する基本文献。特に複合語強勢と第2強勢に関する記述が豊富である。

» **Harris, John** (1994) *English Sound Structure* (Wiley Blackwell)
英語の音韻構造を分析した図書。英語音声学の基礎を学んだ上で英語音韻論を本格的に学びたいという人に適している。

» **Ladefoged, Peter** (1975) *A Course in Phonetics* (Hartcourt Brace Javanovich)
一般音声学のベストセラー。諸言語のデータを用いて音声学の諸分野と基本概念を解説している。本格的に音声学を学びたい人に薦めたい。

» **Vance, Timothy J.** (2008) *The Sounds of Japanese* (Cambridge University Press)
英語で書かれた日本語音韻論の入門書。音声学の基礎からアクセント・イントネーションまで、日本語音韻論の諸分野がカバーされている。日本語より英語の方が読みやすい人や、英語で日本語音韻論を学びたいという人に読んでほしい本である。

» **窪薗晴夫** (1999)『日本語の音声』(岩波書店)
日本語音韻論の概説書。身の回りの言語現象を分析しながら現代日本語の音韻構造と音韻論の基本概念を解説している。日本語の音韻構造を本格的に学びたい人にお薦めの本である。

» **窪薗晴夫** (2006)『アクセントの法則』(岩波科学ライブラリー118)(岩波書店)
人名や外来語などを例に、日本語(標準語)に見られるアクセントの法則を、鹿児島方言や他の言語(英語、ラテン語など)と比較しながら解説している。日英比較という観点からアクセントを学びたい人に適している。

» **松森晶子・新田哲夫・木部暢子・中井幸比古** (2012)『日本語アクセント入門』(三省堂)
日本語のアクセントをアクセント規則、方言アクセント、アクセントの歴史など複眼的に考察した本。日本語のアクセントを本格的に学びたい人にお薦めの本である。

» 斎藤純男（2006）『日本語音声学入門』(改訂版)(三省堂)

　書名の通り、日本語音声学の入門書である。学習案内やIPA（国際音声字母）の表までついており、音声学を基本から学びたいという人にお薦めの本。

» 竹林滋（1996）『英語音声学』(研究社)

　英語音声学の専門書。前半が一般音声学、後半が英語音声学を解説している。英語音声学を専門的に学びたいという人はぜひ読んでほしい。

» 田中真一・窪薗晴夫（1999）『日本語の発音教室』(くろしお出版)

　日本語学習者（外国人）や日本語教師を目指す人を対象に書かれた日本語音声学の入門書。日本語教育の視点から日本語音声学を学びたい人に適している。

第2章
形態論

竝木崇康

1. 形態論とは

[1.1]　形態論の研究内容

　言語学における**形態論**（morphology）の研究内容はどのようなものであろうか。大雑把に言えば、文を作る基本単位である単語とはどういう要素がどのように並べられて作られているのか、単語はどのような構造を持っているのか、単語はどのような規則や原則に基づいて作られるのかというようなことを、形態論は解明しようとする。

　例えば expected（期待された、予想された）という単語は expect という動詞とその後に続く -ed という要素からできているし、unexpected（期待されていない、予想されなかった）という単語は、さらにその前に付く un- という要素からもできている。このように、単語はどういう要素がどのような規則性に基づいてどのように構成されているかを、形態論は明らかにしようとする。また形態論は、人間の持つ言語能力を単語を形成し理解する能力という観点から探ることもする。

[1.2]　屈折形態論と派生形態論

　厳密に言うと、形態論は**屈折形態論**（inflectional morphology）と**派生形態論**（derivational morphology）の2つに分かれる。屈折形態論は、ある単語のある文脈における語形変化の仕組みを扱うもので、名詞ならば単数形・複数形・所有格形などに分かれ、動詞ならば原形・三人称単数現在形・過去形・現在分詞形・過去分詞形などに分かれ、形容詞ならば原級・比較級・最上級を表すそれぞれの語形などに分かれる。つまり屈折形態論で扱われるのは、1つの単語が文脈においてどのような語形の変化を示すかであり、たとえ形が変化しても同じ1つの単語であることには変わりがない（例えば、book-books, walk-walks-walked-walking-walked, kind-kinder-kindest を見てほしい）。

　一方、派生形態論は、ある1つの単語に他の要素を付加するなどして別の単語を作る仕組みを扱い、**語形成**（word formation）とも呼ばれ

る。例えば、形容詞の kind（親切な）に un-（〜でない）という要素が付けば unkind（不親切な）という別の単語になり、kind に -ness（〜であること）という要素が付けば kindness（親切（であること））という、また別の単語になる。同様に、teach（教える）という動詞に -er（〜する人）という要素が付けば teacher（教員、先生）という別の単語になる。

基本的には、派生形態論の仕組みが働いた後で屈折形態論の仕組みが働く。例えば (1) を見てみよう。

(1) a. kind ---▶ unkind ---▶ unkinder（比較級）
        （派生形態論の操作）｜（屈折形態論の操作）
    b. teach ---▶ teacher ---▶ teachers（複数形）
        （派生形態論の操作）｜（屈折形態論の操作）
    c. real ---▶ realize ---▶ realized（過去形）
        （派生形態論の操作）｜（屈折形態論の操作）

上記の (1a) から分かるように、kind という形容詞に un- という要素が付けられると unkind という別の形容詞になるが、それに比較級を表す要素である -er が付けられて unkinder（より不親切な）という形が生じる。また (1b) から分かるように、teach という動詞に -er という要素が付けられると teacher という名詞が生じるが、それに複数形を表す要素である -s が付いて teachers という形が生じる。そして (1c) が示すように、real（現実の）という形容詞に -ize（〜にする、〜になる）という要素が付けられて realize（実現する）という動詞になるが、それに過去の意味を表す要素である -ed が付いて realized（実現した）という形ができる。

以下では派生形態論（語形成）に絞って話を進める。

[1.3] 単語の構造

文法で使われる文という大きな単位は構造を持つが、小さくてごく単純なものと一般的に考えられている単語も実は構造を持つと言える。例えば、(2) を見てほしい。

(2) a. differ → different → differentiate → differentiated → undifferentiated → undifferentiatedness

b. farm ─────────┐
　　　　　　　　　　　→ farm produce
　　produce ─────┘　→ farm produce delivery
　　　　　　　　　　　→ farm produce delivery truck
　　　　　　　　　　　→ farm produce delivery truck repair
　　　　　　　　　　　→ farm produce delivery truck repair shop

(2a)から分かるように、differ(異なる)という動詞に形容詞を作る要素である -ent が付くと different(異なっている)という形容詞ができ、これに動詞を作る要素である -iate が付くと differentiate(区別する)という動詞ができる。さらにこの動詞に受身の意味を持つ要素 -ed が付くと differentiated(区別された)という単語になり、それに否定を表す un- という要素が付くと undifferentiated(区別されていない)という単語になり、最後に名詞を作る要素である -ness が付くと undifferentiatedness(区別されていないこと)という単語ができる。

また(2b)が示しているように、farm(農場)という名詞に produce(農産物、特に野菜と果物、青果物)という名詞が付くと、farm produce(農場で取れた青果物)という単語(厳密には複合語と呼ばれるもの。2.2節参照)ができ、それに delivery(配達)という名詞が付くと farm produce delivery(農場で取れた青果物の配達)という単語ができる。さらに truck(トラック)という名詞が付くと farm produce delivery truck(農場で取れた青果物配達用のトラック)という単語ができ、それに repair(修理)という名詞が付くと farm produce delivery truck repair(農場で取れた青果物配達用トラックの修理)という単語ができ、最後にそれに shop(店)が付くと farm produce delivery truck repair shop(農場で取れた青果物配達用トラックの修理店)という長い単語ができる。

上記の(2a)と(2b)のそれぞれ最後に挙げられた例は、いずれも落語の「寿限無」を思い出させる非常に長い単語の例であるが、もとの単語に付けられる様々な要素は、決してでたらめに付けられているので

はなく、ある順番によっている。したがって、(2) に挙げられている例はどちらも単語が構造を持っていると言わざるを得ない例である。

しかし「(2) に挙げられているのは極端な例であり、普通の単語には構造があるなどと言う必要はない。」という反論もありうる。そこでもっとありふれた単語にも構造がある、ということを示す。例えば (3) を見てみよう。

(3) a. conscious（意識のある、意識している）
b. <u>un</u>conscious（無意識の）
c. conscious<u>ness</u>（意識（していること））
d. <u>time</u>-conscious（時間を気にする）

(3a) の conscious という形容詞がもとになって作られる単語には、少なくとも 3 通りの語形成のタイプが考えられる。まず 1 つ目は、conscious の前に un- という要素を付加することであり、2 つ目は conscious の後に -ness を付加することである。そして 3 つ目は、conscious の前に time という別の単語を並列させることである。

これら 3 つの異なる単語には、(4) のような 3 種類の構造が考えられる（ただし A は形容詞を、N は名詞を表すことにする）。なお派生形態論においても、統語論と同じように、あるまとまりの内部構造を樹形図で表すことができるが、派生形態論では**二又構造**（binary branching）の形で構造が示される。

(4) a. [A un- [A conscious]]
b. [N [A conscious] -ness]
c. [A [N time] [A conscious]]

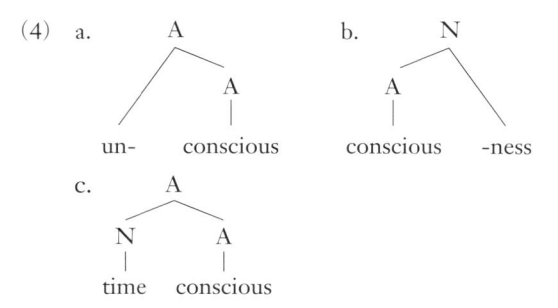

言い換えると、2 つの要素からできている単語は、その単語の作られ方の違いにより、(4) で示したように少なくとも 3 通りに内部構造が区

別できる。3つ以上の要素になればさらに複雑な構造を持つと考えられる。ただし1つだけの要素からできている単語には構造というものを考える必要はない。

> **設問 1**
>
> 　上記の樹形図の表し方に従って、次の2つの単語の(内部)構造を樹形図を使って書いてみよう。
> 　(a)　coeducation（男女共学）
> 　(b)　easy chair（安楽椅子）

2. 派生形態論の主な仕組み

　英語と日本語だけでなく、世界中の数多くの言語において単語を作る主な仕組みとして使われているのは、**派生**（derivation）と**複合**（compounding）である。派生も複合も、より小さい（短い）単語に他の要素を加えて、より大きい（長い）単語を作るという共通点を持つ。

　一方、派生と複合には相違点もある。派生では単語よりも小さく単独では文中に現れることができない要素（例えば上記の un-, -ness, -er など）を単語に付加して、より大きい単語を作るのに対して、複合ではある単語に別の単語を並列してさらに別の、より大きい単語を作る。単語よりも小さくて単独では文中に現れず、他の単語に付加されて初めて文中で使えるようになるこのような要素は**拘束形態素**（bound morpheme）と呼ばれる。つまり派生と複合の相違点は、**基体**（base）と呼ばれるもとの単語に加えられるものが拘束形態素か単語か、という違いである。

[2.1]　派生

　1節で見てきたように、拘束形態素の中で単語の最初に付加されるものを**接頭辞**（prefix, 例えば un-, anti-（～に反対の）, re-（再び）など）とい

い、単語の最後に付加されるものを**接尾辞**（suffix, 例えば -ness, -er, -ize など）という。これら2つをまとめて**接辞**（affix）といい、接辞を単語に付加することを**接辞付加**（affixation）という。派生とは接辞付加と同じことであり、派生によって作られた単語を**派生語**（derivative）と呼ぶ。上記 1.3 節で挙げた (2a) の例（different から undifferentiatedness に至るまで）や (3b–c) は派生語の例である。

以下、主な接頭辞と接尾辞の例とそれらを含む単語を挙げる。最初は英語の接頭辞と接尾辞の例を示す。

(5) a. un-（～でない）：<u>un</u>kind, <u>un</u>happy, <u>un</u>conscious（無意識の）
 b. in-（～でない）：<u>in</u>correct（正しくない）, <u>in</u>dependent（依存してない、独立した）
 c. inter-（～の間の、～の間に）：<u>inter</u>national（国際的な）, <u>inter</u>act（相互に作用する）
 d. re-（再び）：<u>re</u>appear（再び現れる）, <u>re</u>examine（再試験をする）

(6) a. -ness（～であること）：clever<u>ness</u>（賢さ）, kind<u>ness</u>（親切）
 b. -ity（～であること）：real<u>ity</u>（現実）, possibil<u>ity</u>（可能性）, similar<u>ity</u>（類似性）
 c. -er（～する人、～するための道具）：teach<u>er</u>, sing<u>er</u>（歌手）, mix<u>er</u>（ミキサー）, freez<u>er</u>（フリーザー）
 d. -ize（～にする、～になる）：real<u>ize</u>（実現する）, organ<u>ize</u>（組織化する）
 e. -able（～されることができる、～しやすい）：exchange<u>able</u>（交換されることができる）, govern<u>able</u>（(国民などが) 統治されうる）, change<u>able</u>（(天候などが) 変わりやすい）

上の例で注意が必要なものがある。それは (6e) の -able という接尾辞で、用例の9割以上のものは他動詞である基体に付いて「可能と受身」両方の意味を持つ（例えば governable は「統治されることができる」であって「統治することができる」という能動態の意味ではない）のに、日本のマスコミなどでは能動態の意味で使われることが多い。特にこの単語に接尾辞の -ity が付いた governability という名詞が、新聞などでも「統治能力」と訳され、内閣や総理大臣などについて言われること

があるが、本来の英語表現では「被統治能力」であり、国民などについて言われるべきことである。

次に、日本語の接頭辞と接尾辞の例とそれらを含む単語を挙げる。

(7) a. 大（おお）-：<u>大</u>波、<u>大</u>地震（おおじしん）
　　 b. 片-：<u>片</u>手、<u>片</u>足
　　 c. 前（ぜん）-：<u>前</u>首相、<u>前</u>大統領
　　 d. 小-：<u>小</u>高い、<u>小</u>粋な
(8) a. -さ：しなやか<u>さ</u>、大き<u>さ</u>
　　 b. -性：酸<u>性</u>、必然<u>性</u>
　　 c. -っぽい：子供<u>っぽい</u>、怒り<u>っぽい</u>
　　 d. -ずつ：一人<u>ずつ</u>、一個<u>ずつ</u>

日本語では各々の単語の起源の違いにより、和語（大和ことば）、漢語、洋語のように語種の区別がなされる。傾向としては例えば和語は和語と（例「一人親方組合」）、漢語は漢語と（例「捜査本部設置」）結びつきやすいことと関連して、接頭辞や接尾辞も同じ語種の単語と結びつきやすいことが上の例から分かるであろう。例えば和語系の「片-」は和語の「手」や「足」に付加し、漢語系の「前（ぜん）-」は漢語の「首相」や「大統領」に付加するのが自然である。ただしこれらはあくまでも傾向であり、異なる語種の間でも結合は可能である（例「大地震」、「アルカリ性」、「バラエティっぽい」）。

英語の接頭辞は基体に付加されると基体の意味は変えるが、品詞は原則として変えない。一方、接尾辞は基体に付加されると基体の品詞を変えるのが原則である。(9)の例を見てみよう（ただし下付きのAは形容詞を、Vは動詞を、Nは名詞を表すものとする）。

(9) a. kind$_A$ → <u>un</u>kind$_A$
　　 b. examine$_V$（試験（を）する）→ <u>re</u>examine$_V$（再び試験をする）
　　 c. example$_N$（例）→ <u>counter</u>example$_N$（反例）
(10) a. kind$_A$ → kind<u>ness</u>$_N$
　　 b. examine$_V$ → examin<u>ation</u>$_N$（試験）
　　 c. example$_N$ → exempl<u>ify</u>$_V$（例となる、例を挙げて示す）

接頭辞と接尾辞に見られるこの違いは、英語だけでなく日本語においても見られることが次の例から分かる（(12a)の「現実的な」はいわゆる形容動詞）。

(11) a. 対称$_N$ → 非対称$_N$
b. 検討する$_V$ → 再検討する$_V$
c. 高い$_A$ → 小高い$_A$
(12) a. 現実$_N$ → 現実的な$_A$
b. しなやか$_A$ → しなやかさ$_N$
c. デモ$_N$ → デモる$_V$

[2.2] 複合

複合とは、単語を2つ（またはそれ以上）並列して、より大きな（長い）単語を作ることである。複合によって作られた単語は**複合語**（compound）と呼ばれる。上記1.3節で挙げられた(2b)の例（farm produce 以降）や(3d)の time-conscious は複合語の例である。

複合語と**句**（phrase）はどちらも複数の単語からできているという点で区別しにくいので、両者を区別するために(13)のような3つの基準が提案されている。

(13) a. 意味に関する基準（普遍的なもの）
2つ（またはそれ以上）の単語がまとまりをなすとき、全体の意味が部分の意味から合成的に得られない場合、そのまとまりは複合語である。（意味の非合成性）
b. 形態に関する基準（普遍的なもの）
2つの単語がまとまりをなすとき、両者の間に他の要素を入れられない場合や、最初の単語のみを修飾する単語が付けられない場合、そのまとまりは複合語である。（形態的な緊密性）
c. 音韻的な基準（個別言語に特有で、ここでは英語の場合）
2つの単語がまとまりをなすとき、第1強勢が最初の単語に置かれる場合、そのまとまりは複合語である。

これらの基準の具体例を次に示す。例えば、dark（暗い）という単語と

room（部屋）という単語がひとまとまりになったとき、それが「暗い部屋」という合成的な意味の場合はそのまとまりは句であるが、「(写真の現像や焼き付けなどをする）暗室」という、非合成的で特殊な意味になる場合にはそのまとまりは複合語である。

また dark という形容詞は比較級になると darker（より暗い）になる。そうすると複数の dark room（暗い部屋）や複数の darkroom（暗室）がある状況において、句の場合には darker room（より暗い部屋）という表現が可能だが、複合語の場合には *darkerroom（しいて訳せば、*もっと暗室/*より暗室）という表現は許されない（なお*の記号は非文法的または容認不可能な表現を示す）。さらに句の場合には very dark room（非常に暗い部屋）は言えるが、複合語の場合には *very darkroom（しいて訳せば、*非常に暗室）は許されない（上記(13b) 参照）。

さらに dark **room**（太字は第1強勢が置かれている単語を表す）という発音だとそれは句であるが、**dark**room という発音だとそれは複合語であり、その違いに応じて意味が異なる。

上で述べたことと同様のことが、black **board**（黒い板）と **black**board（黒板）、white **house**（白い家）と (the) **White** House（ホワイトハウス（アメリカの大統領官邸））のようなペアにおいても成り立つ。これらの例はいずれも「形容詞＋名詞」という組み合わせであることに注意してほしい。

ここで日本語について少し見ていくと、類似の現象があることが分かる。例えば「古い本」は句であるが、「古本」は複合語であり、一度誰かに所有された本が古書店に売られると、たとえ新品同様であってもそれは「古本」と呼ばれる。同じように「青い信号」は句であり、信号で青いものはそれがどんな信号であっても「青い信号」と言えるが、それに対して「青信号」は複合語であり「緑色の交通信号」に限定される。

> 設問 2
>
> dark room（句）と darkroom（複合語）のようなペアは上に挙げたものの他にどういうものがあるであろうか。ペアを2つ見つけてみよう。

　複合語を構成するのはいずれも単語なので、接頭辞や接尾辞とは違って、同じ単語が他の単語の前にも後にも現れることができる。例えば次の(14)と(15)の例を見てほしい。

(14) 英語の例
　　a. dog house（犬小屋）　対　bull dog（ブルドッグ）
　　b. catfish（ナマズ）　対　tomcat（雄猫）
　　c. bird song（鳥の鳴き声）　対　water bird（水鳥）
　　d. flower garden（花園）　対　sun flower（ヒマワリ）

(15) 日本語の例
　　a. 犬ぞり　対　野良犬
　　b. 猫舌　対　虎猫
　　c. 鳥かご　対　水鳥
　　d. 花束　対　おしろい花

　ここまで見てきた派生と複合は世界の多くの言語において単語を作る主要な仕組みになっている。しかし言語によっては、複合と派生の両方をよく使うものもあれば、ほぼ片方だけを使うものもある。例えば英語と日本語はこれらの両方をよく使うが、フランス語やイタリア語などのラテン語に起源を持つ言語は、複合をあまり使わず派生の方をよく使う。

3. 派生形態論のその他の仕組み

　派生形態論のその他の仕組みとしては、語形成の操作の前後で長さが変わらないものと、操作の後では前よりも短くなるものがある。最初に長さが変わらないものから見ていこう。

[3.1] 品詞転換

上記の 2.1 節で述べたように、ある単語の品詞を変えるときには、その単語に適切な接尾辞を付けることが原則である。しかしそのような接尾辞の付加をせず、形を変えないまま品詞を変えることがあり、そのような操作は**品詞転換**（conversion、または転換）と呼ばれる。品詞転換はいくつかの主要な品詞の間で行われることが多いが、ここではその中でも例が多い名詞から動詞へと、動詞から名詞へという 2 つのタイプのみを取り上げる。

(16) 名詞から動詞へ（ここで N というのは名詞形を指すものとする）
    a. 「N に置く・入れる」の意味を表すもの
       bottle（びん詰めにする）, book（名簿に載せる、予約する、予約を受け付ける）, jail（刑務所に入れる）
    b. 「N を与える、N を付ける」の意味を表すもの
       butter（バターを塗る）, salt（塩漬けにする）, arm（武装する）
    c. 「N を使って〜する」の意味を表すもの
       brush（ブラシをかける）, hammer（ハンマーで打つ）, guitar（ギターをひく）
    d. 「N で送る、N で行く」の意味を表すもの
       mail（郵送する）, email（メールで送信する）, bicycle（自転車で行く）

(17) 動詞から名詞へ
    a. 行為や出来事を表すもの
       attack（攻撃）, promise（約束）, laugh（笑うこと）, break-through（飛躍的前進）
    b. 状態（心理や知覚など）を表すもの
       love（愛）, desire（願望、欲望）, hate（強い嫌悪）
    c. 「〜する人・物」を表すもの
       coach（コーチ）, cook（料理人、コック）, stand-in（代役）
    d. 「〜されたもの」を表すもの
       answer（答え）, award（賞金、賞品）, hand-out（配布資料）

英語の品詞転換は種類も例も多く、新しい表現（3.4 節を参照）も生まれ

ている。一方、日本語でも品詞転換に類似した仕組みがあり、**転成**と呼ばれることが多い。以下に転成の例を少し挙げる。

(18) a. 動詞連用形からのタイプ
　　　　遊ぶ→遊び、泳ぐ→泳ぎ、学ぶ→学び、動く→動き、はやる→はやり
　　b. 断片的な例
　　　　心持ち（名詞）→心持ち（程度を表す副詞「やや、ほんの少し」）、結果（名詞）→結果（副詞「その結果」）

この中では動詞連用形からの例が多く、複合語の要素としても用いられる（例「水遊び」、「夜遊び」、「背泳ぎ」、「はやり病（やまい）」）。また「見る」のように単語の語幹が「見」だけの例でも複合語の要素として使われることがある（例「面倒見」、「様子見」、「パッと見」、「チラ見」）。

　ここまでは語形成の操作によりもとの単語が長くなる仕組みと、長さが変わらない仕組みを扱ってきた。以下ではもとの単語よりも長さが短くなるものについて述べる。

[3.2] 語形短縮

　語形短縮（clipping）とは、多数の音節からなる単語などの一部を省略して短くすることである。通常、形式ばらない文体で使われ、省略を受けて残った部分により次の3つの型に分けられる。

(19) a. 単語（または句）の最初が残る型
　　　　advertisement（広告、宣伝）→ ad, examination（試験）→ exam, mathematics（数学）→ math, delicatessen（（量り売りをする）惣菜店）→ deli, information（情報）→ info
　　b. 単語の最後が残る型
　　　　telephone（電話）→ phone, airplane（飛行機）→ plane, omnibus → bus（バス）
　　c. 単語の真ん中が残る型
　　　　influenza（インフルエンザ）→ flu, refrigerator（冷蔵庫）→ fridge（綴りの変化と発音の微妙な変化に注意）

以上は英語の例であるが、日本語にも同様の仕組みと例がある。(20)を見てみよう。

(20) a. 単語（複合語を含む）の最初が残る型
　　　　携帯電話→携帯（ケータイ）、帆立貝→ホタテ、アニメーション→アニメ
　　b. 単語の最後が残る型
　　　　アルバイト→バイト、ヘルメット→メット
　　c. 単語の真ん中が残る型
　　　　最終電車→終電、航空母艦→空母

日本語においても英語と同様に単語の最初が残る型の例が多い。これは人間の記憶能力の特徴と関係があるようである。

[3.3] 混成

混成（blending, または混交）とは2つの単語の部分を取り出して合わせ、1つの単語にすることである。次に英語と日本語の例を順番に挙げる。

(21) a. breakfast（朝食）, lunch（昼食）→ brunch（朝昼兼用の食事）
　　b. smoke（煙）, fog（霧）→ smog（スモッグ）
　　c. helicopter（ヘリコプター）, airport（空港）→ heliport（ヘリポート、ヘリコプターの発着所）
　　d. Oxford, Cambridge → Oxbridge（オックスフォード大学とケンブリッジ大学）

(22) a. ゴリラ、クジラ→ゴジラ
　　b. やぶる、さく→やぶく

これらはいずれも最初の単語の最初の部分と2番目の単語の最後の部分を合わせたものである。英語においては比較的見かけるものであるが、日本語ではそれほど例が多くない。むしろ日本語で使われるのは**複合語短縮**と呼ばれるものである。これは混成と少し異なり、最初と2番目の単語のそれぞれの最初の部分同士を合わせたものである。例を (23) に挙げる。

(23) a. エアー・コンディショナー→エアコン

b. 経世済民→経済
c. 東京大学→東大
d. ポケット・モンスター→ポケモン

このタイプの表現はもとになる複合語が存在しなければならないが、(21) や (22) ではその必要はない。

[3.4] 頭文字語

頭文字語（acronym）とは、固有名詞や句などを構成している複数の単語の頭文字（を含む要素）によって作られている単語のことである。英語の頭文字語は次の2つのタイプに分かれる。

(24) a. 一連のアルファベットのように読まれる型
British Broadcasting Corporation → BBC（英国放送協会）
Federal Bureau of Investigation → FBI（米国連邦捜査局）
attention deficit hyperactivity disorder → ADHD（注意欠陥多動性障害）
as soon as possible → ASAP（大至急、できるだけ早く）
also known as → aka（別名、またの名を）
b. 1つの単語のように読まれる型
North Atlantic Treaty Organization → NATO［néitou］（北大西洋条約機構）
white Anglo-Saxon protestant → WASP（アングロサクソン系白人新教徒階級）
acquired immune deficiency syndrome → AIDS（後天性免疫不全症候群、エイズ）
radio-detecting and ranging → radar（レーダー）
light amplification by stimulated emission of radiation → laser（レーザー）

また最近ではパソコンのメールの送受信に関して使われる表現で、carbon copy を表す CC という頭文字語が動詞に品詞転換されて、「～に CC でファイルを送信する」という意味で用いられることは興味深い。つまり普通の単語だけでなく頭文字語のような省略語にも品詞転

換がなされるということになる。ちなみに dormitory（寄宿舎）が語形短縮を受けた dorm という表現も動詞化されて「寄宿舎に住む」という意味で使われる。

　この頭文字語というものは、英語のようにアルファベットを文字として使っていて、頭文字として子音や母音のどちらかが決められる言語では多数存在するが、日本語では、厳密に頭文字だけを利用した例は少ない。Nippon Hoso Kyokai（日本放送協会）から生じた NHK は数少ない例の 1 つである。ただし「生活協同組合」から作られた「生協」や「東京大学」から作られた「東大」のような例を、最初の漢字 1 文字を頭文字の一種と考えて、頭文字語と見なす考え方もある。

[3.5]　逆形成

　元々の**逆形成**（back-formation）という仕組みは、一見接尾辞のように見える要素を持った単語が歴史的に古くから存在する場合に、その要素が接尾辞と誤解されて除かれ、より短い単語が新しく作られることだとされていた。例として (25) が挙げられる。

　(25) a.　editor（編集者）→ edit（編集する）
　　　 b.　peddler（行商人）→ peddle（行商する）
　　　 c.　burglar（強盗）→ burgle（強盗をする）

この中の editor という単語は、Oxford English Dictionary（略称 OED）によれば、1712 年に最初に用いられたもので、語末の -or は接尾辞ではなかった。しかし意味が「編集する人」というものであり、発音も語末の -or の部分が「～する人」の意味を持つ接尾辞 -er と似ているために誤解されて、そこから -or の部分が除かれて新しく edit という語形の短い動詞が 1793 年に生じたとされる。(25) における残りの 2 つの例も同様である。

　ただしこのように歴史的な誤解による例はそれほど多くない。むしろずっと多いのは、複合語（特に複合名詞）から本当の接尾辞が省略されて複合動詞が作られる場合である。そのような例を以下に示そう。

(26) a. 最初の要素が2番目の要素の目的語であるもの
housekeeping/housekeeper → housekeep（家事を切り盛りする）
sightseeing → sightsee（観光する）
proofreading → proofread（校正する）
lipreading → lipread（読唇する）
b. 最初の要素が2番目の要素の目的語ではないもの
babysitter → babysit（ベビーシッターをする）
bottlefeeding/bottlefed → bottle-feed（（赤ん坊を）粉ミルクで育てる）
breastfeeding/breastfed → breast-feed（（赤ん坊を）母乳で育てる、母乳を与える）
toilet training → toilet-train（排泄をしつける）

設問 3

上で扱われた「混成」または「複合語短縮」の例は、上に挙げたものの他にどのようなものがあるであろうか。英語と日本語について2つずつ探してみよう。

以上では、英語と日本語における語形成の様々な仕組みについて述べてきた。次は、派生と複合という語形成の主な仕組みに課される一般的な条件について考えていく。

4. 派生と複合に課される一般的な条件

これまでに派生と複合に課されるものとして提案されている一般的な条件、つまり特定の言語だけでなく数多くの言語において成り立つ、あるいは普遍的に成り立つと考えられてきた条件や原理がある。その中の1つをここで取り上げる。ただしその前に予備的なことから述べていきたい。

[4.1] 単語の主要部

2.1節ですでに述べたように、単語に接頭辞や接尾辞が付いた派生語においては、接辞が基体となる単語の後に付くか前に付くかによって基体の品詞を変えるか変えないかが基本的に決まる。つまり接頭辞が付いた場合には基本的に基体の品詞は変わらない（例　kind → unkind, examine → reexamine）のに対して、接尾辞が付くと変わる（例　kind → kindness, examine → examination）。このように、2つ以上の要素からなる派生語においては、派生語全体の品詞を決定する能力に関して接頭辞と接尾辞では違いがある。このような単語全体の品詞を決定する要素を「**単語の主要部**（head of a word）」と言うことにする。

一方、複合語の場合はどうかというと、品詞の異なる単語からなる複合語においては、複合語全体の品詞を決定する単語がある。次の例を見てほしい。

(27) 複合名詞の例

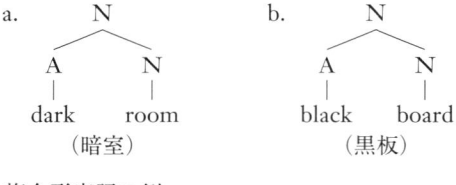

　　a.　　　N　　　　　　b.　　　N
　　　　／＼　　　　　　　　　／＼
　　　A　　N　　　　　　　A　　N
　　　｜　　｜　　　　　　　｜　　｜
　　dark　room　　　　　black　board
　　　（暗室）　　　　　　　（黒板）

(28) 複合形容詞の例

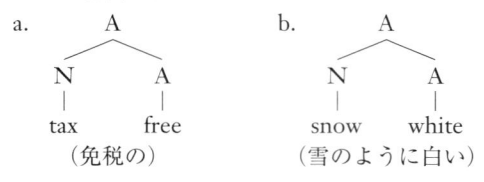

　　a.　　　A　　　　　　b.　　　A
　　　　／＼　　　　　　　　　／＼
　　　N　　A　　　　　　　N　　A
　　　｜　　｜　　　　　　　｜　　｜
　　tax　free　　　　　snow　white
　　（免税の）　　　　（雪のように白い）

(27a)を例に挙げると、darkroom（暗室）という複合名詞はdarkという形容詞とroomという名詞からできているから、この複合語全体の品詞を決定しているのはroomという名詞の方である。同様に、(28a)のtax-freeという複合形容詞はtaxという名詞とfreeという形容詞からできているから、この複合語全体の品詞を決定しているのはfreeという形容詞の方である。

このように派生語も複合語も、単語全体の品詞を決定する要素があるという共通点を持つ。このような要素を「単語の主要部」という。

しかし複合語の中には、それを構成する単語がいずれも同じ品詞である場合がある。このような場合、どちらを「単語の主要部」と考えたらいいのであろうか。例えば複合名詞の中で非常に多いのは「名詞＋名詞」というタイプであるから、次のような例を考えてみよう。

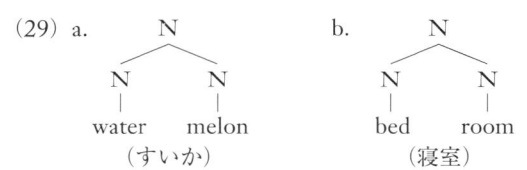

(29) a.　　　　N　　　　　　b.　　　　N
　　　　　／＼　　　　　　　　／＼
　　　　N　　N　　　　　　　N　　N
　　　　｜　　｜　　　　　　　｜　　｜
　　　water　melon　　　　　bed　room
　　　　（すいか）　　　　　　　（寝室）

water melon という複合名詞を構成しているのは water と melon という単語であるが、どちらも名詞である。すぐ上で述べた「単語全体の品詞を決定する要素」という観点から見たら、どちらの名詞が複合語全体の名詞であることを決定しているのか、決め手がない。

こういう場合に提案されているのは、意味的な観点から見た基準で考えるということである。それは「複合語全体の意味の中核をなす単語がその複合語の主要部である」というものである。具体的に言えば、「～は～の一種である」という関係が複合語全体とその単語の間に成り立つような単語ということになる。

これを(29)の例に当てはめて考えると、次のようになる。まず water melon（すいか）というのは食べ物で、melon の一種であり、water の一種ではないことは明らかである。したがって water melon 全体の主要部は melon の方である。同様にして、bedroom（寝室）というのは room（部屋）の一種であって bed の一種ではない。たとえ新築でまだベッドのような家具を入れていない家でも、「ここは bedroom（寝室）です。」と言うことができる。

そこで「単語の主要部」ということを考える場合には、単語全体の品詞決定能力を持つということと、特に複合語の場合には、意味的に中核をなすということの2つの点を考える必要がある。これら2つを

区別して、最初の観点を**形態的な主要部**と呼び、2番目の観点を**意味的な主要部**と呼ぶことにする。

[**4.2**] **右側主要部の規則**

　以上のことを踏まえると、ある補助的な仮定を加えることによって、2つ以上の要素を持った単語（つまり派生語と複合語）においては、その形態的な主要部は右側の要素である、という共通点を捉えることができる。その補助的な仮定とは「文中に独立して現れることができない接辞、特に接尾辞もある品詞に属する。」と考えることである。つまり通常は単語にしか認められない「品詞」という概念を、拘束形態素である接（尾）辞にまで拡張することである。そうすると 4.1 節で触れた unkind という派生語と kindness という派生語の内部構造は (30) のように表すことができる。

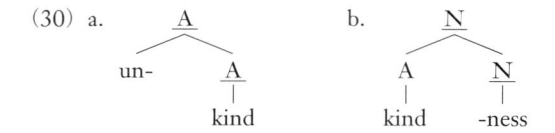

(30) a. [A [un-] [A kind]]　　b. [N [A kind] [N -ness]]

さらに (27a) と (28a) において示した複合語とともに、複合動詞の bartend（バーテンをする）も内部構造を以下に挙げる。

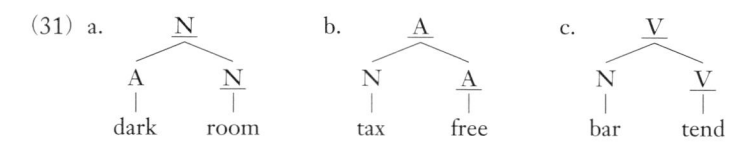

(31) a. [N [A dark] [N room]]　　b. [A [N tax] [A free]]　　c. [V [N bar] [V tend]]

　このように考えると、英語においては複合語だけでなく派生語においても、右側の要素の品詞がその単語全体の品詞を決定する、という一般的な規則性を捉えることができる。それを明確に述べたものが (32) の**右側主要部の規則**（The Righthand Head Rule）である。

　　(32) 右側主要部の規則
　　　　形態的に複雑な単語（つまり派生語と複合語）の主要部はその単語の

右側の要素である。

そしてこのような一般性を持った規則が、実は日本語においても成り立つ。英語と同様の例を以下に挙げる。

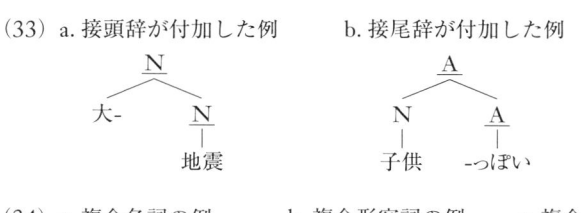

(33) a. 接頭辞が付加した例

```
      N
    /   \
  大-     N
         |
        地震
```

b. 接尾辞が付加した例

```
      A
    /   \
   N     A
   |     |
  子供  -っぽい
```

(34) a. 複合名詞の例

```
      N
    /   \
   A     N
   |     |
   青   信号
```

b. 複合形容詞の例

```
      A
    /   \
   N     A
   |     |
   心   強い
```

c. 複合動詞の例

```
      V
    /   \
   N     V
   |     |
   目   ざめる
```

上の例から分かるように、日本語においても派生語と複合語の両方の場合に（形態的な）主要部は右側に現れる。このことは大変興味深いことである。なぜならば、英語と日本語は起源、発音、文法、語彙のいずれをとっても相違点が目立つにもかかわらず、単語の構造という観点からは、右側主要部の規則という同じ一般的な条件に従っているからである。

ただし用語の点では注意すべきことがある。「右側主要部の規則」の「右側」という表現は、文字を書くときに横書きで左から右に向かって書くということが暗黙裡に想定されている。しかし英語の場合はそれでいいが、世界の言語には同じ横書きでも右から左に書くアラビア語のような例もあるし、日本語では依然として上から下に書く場合もあるので、厳密には「右側」を「最後の」という意味で受け取っておく必要がある。

[4.3]「意味的な主要部」という観点から見た右側主要部の規則

4.2節では単語全体の品詞を決定するという「形態的な主要部」から見て提案された「右側主要部の規則」について述べてきたが、ここで

は「意味的な主要部」という観点から「右側主要部の規則」についてさらに検討する。上記(29)で例に出したwater melonとbedroomのように、複合語を構成する要素の品詞が同じ場合には「形態的な主要部」の観点からは主要部の決め手がないことを見た。そこで考えられたのは、複合語全体の意味の中核をなす単語を「意味的な主要部」とし、「〜は〜の一種である」という関係を利用して主要部を決めることであった（なおdarkroom（暗室）はroomの一種なので、darkroomの例では「形態的な主要部」という観点からだけでなく「意味的な主要部」という観点からも、roomが主要部となることに注意してほしい）。しかしこのような「意味的な主要部」を認めると、ここまでに見てきたような種類の証拠以外にも「右側主要部の規則」が英語と日本語の両方において成り立つ、ということを示す証拠が見いだされる。それは少なくとも2つある。

　まず第一に、「繰り返し可能な複合語（recursive compound）」と呼ばれるものである。これは1.3節で例を1つすでに出してあるが、その例を含めて(35)にまず英語の例を挙げよう。

(35) a. farm produce delivery truck repair shop (=2b)（農場で取れた青果物配達用トラックの修理店）
　　　b. student film society committee scandal inquiry（学生映画協会委員会のスキャンダルの調査）
　　　c. bathroom towel rack designer training（浴室用タオル掛けのデザイナー養成）
　　　d. bathroom towel rack designer training program committee（浴室用タオル掛けのデザイナー養成計画委員会）

名詞だけからできているこのような複合名詞は、それを構成する単語の数に原理的な上限がないために、原理的には長さが無限に続きうる。しかし例えば(35c)を例にとれば、bathroomはroomの一種であり、bathroom towel rackはrackの一種であり、bathroom towel rack designer trainingはtrainingの一種である、というように、当該複合

名詞の最後に現れる単語が常に「意味的な主要部」になる。これは意味的な観点から右側主要部の規則を支持する証拠である。しかも日本語においても同様の例が数多く見つかっている。そのうちのいくつかを(36)に示す。

(36) a. 一人親方組合作り
b. 地方公務員制度調査研究会報告
c. 中高年労働移動支援特別助成金
d. 南関東地区震災応急対策活動要領

このうちの(36a)だけが複合語を構成する要素が和語の例であり、残りはほぼ漢語からできている例である。

　繰り返し可能な複合語において主要部が最後に出てくるということは、要するに重要なものは最後に現れるということである。これは落語家でも真打ちと呼ばれる人が寄席において前座や2つ目の後、最後に出てくることや、年末に放映されるNHKの紅白歌合戦においても実力のあるベテランの歌手がトリをとることと似ているところがある。

　第二に、「逆転可能な複合語(reversible compound)」と呼ばれる複合語がある。これはXYという形とYXという形の両方が存在する複合語のことで、ほとんどの場合に異なるものを指し示す(例外は、日本語の「カレーライス」と「ライスカレー」、「輪ゴム」と「ゴム輪」など)。次の例を見てみよう。

(37) a. sugar maple (サトウカエデ) ≠ maple sugar (カエデ糖)
b. house dog (飼い犬) ≠ dog house (犬小屋)
c. piano player (ピアノ演奏家) ≠ player piano (自動ピアノ)
d. lunch box (弁当箱) ≠ box lunch (箱詰め弁当)

(38) a. ミツバチ ≠ ハチミツ
b. 包み紙 ≠ 紙包み
c. 放送衛星 ≠ 衛星放送
d. 通学バス ≠ バス通学

(37a)から分かるように、sugar maple (サトウカエデ)というのはmaple

（カエデ）の一種であるが、maple sugar（カエデ糖）というのは sugar（砂糖）の一種である。また (38a, d) から分かるように、ミツバチというのはハチの一種であるが、ハチミツというのはミツ（蜜）の一種であり、通学バスというのはバスの一種であるが、バス通学はそうではなく、通学という行為の一種である。このような違いは右側主要部の規則が予測することである。以上の繰り返し可能な複合語と逆転可能な複合語に基づく 2 つの証拠から、英語と日本語における単語、特に複合語の構造においては、意味的な観点からも右側主要部の規則が成り立つということが示される。

　このように、例えば「通学バス」と「バス通学」では指し示すものが違うということなどは、家庭でも学校（例えば小学校から高校まで）でも普通は教わらないことであるが、それでも小さい頃から日本語を使っていれば自然と分かる。さらに「ハチミツ」と「ミツバチ」の違いはおそらく幼児であっても分かるであろう。このような区別には、厳密に言えば「複合語の主要部」という概念が関わっているわけであるが、このような抽象的な概念はなおさら家庭や学校では教わりそうにない。それでもある程度の年齢に達している日本語の母語話者ならば、ある複合語が指し示しているものが何の一種であるかが分かるのである。これは人間の言語能力の中で語形成に関わる能力の 1 つの現れである。

　さらに言えば、(37a) の例における不等号（≠）の左側にある複合語 sugar maple というのは木の種類であり可算名詞であるが、それはこの複合語の主要部である maple が可算名詞だからである。一方、不等号の右側にある maple sugar は砂糖の一種であり不可算名詞であるが、それはこの複合語の主要部である sugar が不可算名詞であるからである。

　また日本語の例 (38a) においても、ミツバチを数えるときには一匹、二匹と数えるが、それはこの複合語の主要部であるハチを数えるときに一匹、二匹と数えるからである。同様に、ハチミツを数えたり量っ

たりするときには一瓶（ひとびん）、二瓶（ふたびん）、あるいは500cc、1000ccのように言うが、それはこの複合語の主要部であるミツを数えたり量ったりするときにそう言うからである。

　言い換えると、英語でも日本語でも複合語の主要部というのは複合語全体が指し示すものと同類であるばかりでなく、その他の点でも複合語全体と同じ情報を共有する（(37)と(38)を参照）と言える。

　ここまで複合語とその主要部について述べてきた。複合語においては、英語でも日本語でも、その中に主要部を含むものがほとんどであるが、中には主要部を持たないものもある。そのような主要部を持たない複合語は**外心複合語**（exocentric compound）と呼ばれる。一方、主要部を持つ大多数の複合語は**内心複合語**（endocentric compound）と呼ばれる。ここまで扱ってきた例はすべて内心複合語であったので、(39)と(40)に外心複合語の例を示す。

(39) 英語の例
　　a. scarecrow（かかし）, pickpocket（すり）, pastime（娯楽）, forget-me-not（ワスレナグサ）
　　b. hangover（二日酔い）, standby（代替要員）
　　c. greenback（(裏が緑一色の)アメリカの紙幣）, heavy-weight（ヘビー級ボクサー）

(40) 日本語の例
　　野次馬、猫舌、横綱

　これらの例はいずれも複合語全体がその要素であるいずれの単語についても「〜の一種」ということができない。例えば英語の例であるscarecrowにおけるscareという単語は元々「驚かせる」という意味の動詞であり、crowという単語は元々「カラス」という意味の名詞であり、scarecrow全体では「カラスを驚かせるもの」というような意味を持つので、かかしを指し示す。同様にして日本語の「野次馬」という表現は通常、事件や火事などの現場に集まる物見高い人々のことを意味するが、野次の一種でもないし、馬の一種でもない。したがって野

次馬を数えるときには一人、二人と数え、本当の馬のように一頭、二頭と数えることはない。

> **設問 4**
>
> 　逆転可能な複合語で、上記 (38) に挙げられた例以外にはどのようなものがあるだろうか。日本語におけるペアを 3 つ探してみよう。

5. 複合名詞の意味について

　上記の 2.2 節で少し触れ、4 節の「右側主要部の規則」でもある程度論じた複合語について、ここで少し補足したい。複合語はいくつかの観点から分類ができ、本章でもすでに「内心複合語」と「外心複合語」の区別に触れた。また複合語全体がどういう品詞に属するかという観点からの分類もでき、従来から複合名詞、複合形容詞、複合動詞、その他の複合語に分けられてきた。本章でも 4 節までにおいてすでに複合名詞などの用語を用いてきた。

[5.1] 上位語と下位語の関係

　ここでは紙幅の都合から、複合名詞の中でも「一次複合名詞」と呼ばれるものに絞って少し掘り下げてみよう。一次複合名詞というのは、その中に動詞的な要素を含まず、名詞と名詞、あるいは形容詞と名詞からできているものを指す。英語と日本語の例としては次のようなものがある。

(41) a. 2 番目の名詞が最初の名詞に似ているもの
catfish（ナマズ）, eggplant（ナス）；こうもり傘、ほうき星
b. 2 番目の名詞が最初の名詞の用途を表すもの
ashtray（灰皿）, birdcage（鳥かご）；目薬、歯ブラシ
c. 2 番目の名詞が最初の名詞の一部であるもの
doorknob（ドアの取っ手）, pianokey（ピアノの鍵盤）；目頭、矢じり

d.　2番目の名詞が最初の名詞を作り出すもの
　　　　　honeybee（ミツバチ）, silkworm（カイコ）：サトウカエデ
　　　e.　最初の単語が形容詞で2番目が名詞であるもの
　　　　　darkroom（暗室）, blackboard（黒板）：青信号、赤信号

　2つの単語、特に2つの名詞の間に成り立つ一般的な意味関係の中に**上位語**と**下位語**と呼ばれるものがある。例えばflower（花）という上位語の下にはrose（バラ）, cosmos（コスモス）, sunflower（ヒマワリ）などが下位語として現れ、「犬」という上位語の下には、「コリー」、「チワワ」、「柴犬」などが下位語として現れる。つまり「下位語は上位語の一種である」という関係が成り立つ。そしてこの上位語と下位語の関係は、flowerとroseのような単純語（1つの要素だけからできている単語）の間でも見られるし、flowerとsunflowerのような複合語の間でも見られる。言い換えれば、sunflowerがflowerの一種であるということは、4.3節ですでに論じた「意味的な主要部」という観点から見た「右側主要部の規則」から導けることである。このように一次複合名詞ではほとんどの場合に複合語の主要部が上位語を表し、複合語全体が下位語を表すことは、(42)のような例からも分かる。

　　(42) a.　〜 truck：mail truck（郵便配達車）, dump truck（ダンプカー）,
　　　　　　　garbage truck（ゴミ収集車）
　　　 b.　〜パン：あんパン、ぶどうパン、クリームパン
　　　 c.　〜時計：日時計、砂時計、柱時計

[5.2]　複合名詞の主要部における意味の稀薄化

　一方、そのような上位語―下位語関係がすんなりと成り立つとは言いにくい複合語もいろいろある。まず次の例を見てほしい。

　　(43) 〜音痴：方向音痴、運動音痴、味覚音痴、数学音痴、経済オンチ、
　　　　　　　アニメオンチ、パソコンオンチ

単独で使われる場合や、複合語の最初の要素として使われた場合（例えば「音痴矯正」）の「音痴」の本来の意味は、「音程や調子が外れて歌

を正確に歌えないこと」というようなものであるが、その前に「方向」や「運動」などの他の単語が付けられると、その場合の「音痴」の意味はむしろ「〜（に関すること）が苦手でよくできないこと（またはそのような人）」というようなものになってしまう。このような意味は「音痴」単独で使われたときや複合語の最初の要素として起こったときには起こらず、「音痴」の前に他の単語が付いた場合にのみ生じる。

　以上のような現象は、実はもっと広く見られる。以下の例を見てみよう。

（44）a. 〜ソムリエ：野菜ソムリエ、タオルソムリエ、温泉ソムリエ
　　　b. 〜難民：介護難民、お産難民、ネットカフェ難民
　　　c. 〜マラソン：読書マラソン、禁煙マラソン
　　　d. 〜そうめん：いかそうめん、ゆずそうめん
　　　e. 〜甲子園：俳句甲子園、短歌甲子園、アニメ甲子園
　　　f. 〜富士：蝦夷（えぞ）富士、岩手富士、榛名（はるな）富士
（45）a. sea lion（トド）, sea anemone（イソギンチャク）
　　　b. star fish（ヒトデ）, jelly fish（クラゲ）
　　　c. prairie dog（プレーリードッグ）
　　　d. water lily（睡蓮）

つまり日本語でも英語でも同じような例があるということである。

　以上では、複合語の主要部が複合語全体の上位語になり複合語全体は主要部の下位語になるという、複合名詞の通常の場合を(41)と(42)に示し、その後でそのような上位語―下位語関係がすんなりとは成り立ちにくい例を(43)から(45)において示してきた。後者の例において共通して見られたことは、複合語全体（例えば「方向音痴」）が複合語の主要部である右側の単語（「音痴」）の一種であるとは厳密には言えないということであった。より厳密な形で言うと、複合語の主要部の意味、例えば「方向音痴」であれば「音痴」の意味が、本来の音楽に関することがなくなって「（〜が）苦手であること」というようなより一般的な意味になる、すなわち主要部の意味が稀薄化されるということである。これは複合語全体が「〜に関して〜に似たもの、いわば〜のよう

なもの」というような意味になるわけで、主要部の意味の一種の比喩的な使い方と言えるであろう。

> **設問 5**
>
> 上記5節で論じた複合語の主要部の意味が稀薄化している例で、(43)から(45)までで挙げられていない日本語の例を2つ見つけてみよう。

Further Reading

» 竝木崇康 (2009)『単語の構造の秘密―日英語の造語法を探る―』(開拓社)
英語と日本語における語形成について、構造・発音・意味の3つの観点から分かりやすく述べたもの。語形成全般にわたる内容と、身近な表現に関して新しい切り口から探る内容の両方が含まれている。

» 竝木崇康 (1985)『語形成』(大修館書店)
英語における語形成の様々な仕組みと一般的な条件などを、前掲書よりも体系的に述べたもの。刊行されたのがかなり前なので理論的なことは古びたところがあるが、現代英語の言語事実に関しては今でも利用できる。

» 窪薗晴夫 (2002)『新語はこうして作られる』(岩波書店)
日本語の語形成に関して分かりやすく書かれたもの。とても読みやすく練習問題を含んでいる。特に、新しく作られた身近な表現に関する内容と音韻論に関わる部分が充実している。

» 影山太郎 (1993)『文法と語形成』(ひつじ書房)
日本語の文法と語形成の関連を扱った研究書。日本語の興味深い言語事実が数多く指摘されているとともに、独自の理論的な提案が様々な構文をもとに明確に説得力を持ってなされている。

» Spencer, Andrew (1991) *Morphological Theory* (Blackwell)
語形成の広範なトピックを詳しく扱っている高度な概論書。英語だけでなく様々な言語の例を挙げており、理論的な展望を示すとともに学説の歴史なども学べる。やや古くはなったが、今でも役立つ内容を多く含む。

第3章
統語論　生成文法

三原健一

1. 句構造

[1.1] ことばの構造

世界の言語は約 6000 あると言われている。それぞれの言語は、文字や単語の違いを初めとして、文法的にも様々で、共通する部分はあまりないように思えるかもしれない。語順についても、英語が SVO（主語—動詞—目的語）であるのに対して、日本語は SOV 語順である。しかし、英語や日本語の話者は、アラビア語が VSO 語順を取ると知ったとき、世界にはそんな言語もあるのかと驚くに違いない。人間は、自分とは違うものに遭遇したとき、まず違う点に気を取られがちである。ことばの場合もそうだろう。が、英語も日本語もアラビア語も人間のことばなのであるから、冷静に考えれば、共通する部分があるはずだと考える方がむしろ自然であろう。

この章では、英語と日本語に関して、統語論における振る舞いを中心に見る。**統語論**（syntax）とは、語と語の結びつきにおける規則性を、文の**統語構造**（syntactic structure）の観点から明らかにしようとする言語学の一分野である。**生成文法**（Generative Grammar）における統語論は特に、英語や日本語などという個別言語の違いを超えて、多くの言語に共通する点を捉えようとする方向性を持っている。もちろん、英語と日本語（とアラビア語など）は系統が異なる言語なので相違点も多いが、異なる点をただ異なるとするのではなく、その奥に潜む原則を発見し、その原則が規則的な違いとして現れると考えるのである。

では、統語構造とは何なのだろうか。(1) の例を考えてみよう。

(1)　　rich men and women

(1) には二通りの意味がある。1 つは、金持ちなのは男性だけという意味で、もう 1 つは、男性も女性も金持ちだという意味である。この意味の違いは、次のように構造化してみると、視覚的にもよく分かる。

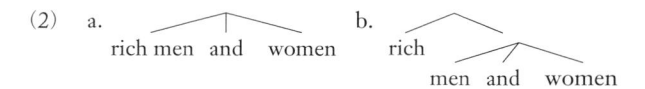

(2)　　a.　　　　　　　　　　b.
　　rich men and women　　rich
　　　　　　　　　　　　　　men and women

(2a) では、rich men と women が and を介して結びついているのに対して、(2b) では、men と women がまず結びつき、そのまとまりを rich が上から修飾している。休止（‖で示す）を置いて読めば、それぞれ、rich men ‖ and women, rich ‖ men and women のようになろう。

本章で言う統語構造とは、(2a) の rich men と and と women のように語順に沿って要素をヨコに区切る構造と、(2b) の rich と men and women のように要素をタテに区切る構造の総体を指す。(2a, b) は、言語にはヨコの構造（線状的構造）とタテの構造（階層的構造）があることを示している。

設問 1

ひとまとまりになる要素の、結びつき方の違いによって意味が異なってくる場合もある。

(a) Flying planes can be dangerous.

(a) は、Flying と planes の結びつき方によって2つの意味があるが、この2つの意味がどのようなものか考え、そして、それぞれどのような結びつき方なのか考えてみよう。

[1.2] 日英語の語順

英語が SVO（主語―動詞―目的語）の語順を取るのに対し、日本語が SOV 語順となることを、もう少し深く考えてみよう。

(3a, b) の述部「ate bananas/ バナナを食べた」で中心的な機能を果たしているのは動詞であると考えられる。

(3) a. John ate bananas.　　b. 太郎がバナナを食べた。

つまり、述部の「まとまり」において、中心として働く動詞が、(4a, b) のように日英語で逆の位置に来るということである。

(4) a. <u>ate</u> bananas　　　b. バナナを<u>食べた</u>

このように、ある「まとまり」において中心となる語がどこに来るかという点から考えてみると、日英語がきれいに逆になっていることが分かってくる。

（5a）は伝統的な英文法でも「前置詞句」と呼ばれている。後にくる名詞（「Tokyo」など）が意味的な中心部にはなるものの、前置詞句と呼ばれるということは、統語的には前置詞が中心と捉えられていることになる。

(5) a. <u>from</u> Tokyo/<u>to</u> Osaka/<u>with</u> Mary
　　b. 東京<u>から</u> / 大阪<u>へ</u> / 花子<u>と</u>

（5a）の from/to/with に対応する日本語は、（5b）の「から / へ / と」であるが、これも日英語で逆の位置に来る。英語の前置詞に対応する日本語の表現を、前置詞（preposition）に合わせて**後置詞**（postposition）と呼ぶことにしよう。

（6）は接続詞（when/ とき）の位置関係を示している。英語では接続詞が従属節の前に、日本語では後に来るのである。接続詞がなければ従属節が成立しないので、これらの接続詞は、従属節の統語的中心部となっていると考えることができる。

(6) a. <u>When</u> my son was born, I was thirty-three years old.
　　b. 息子が生まれた<u>とき</u>、私は 33 歳でした。

（7）でも、従属節を導く「that/ という」が日英語で逆の位置に生じているが、それと同時に、主名詞（rumors/ 噂）が英語では前に、日本語では後に来ていることに注意してほしい。

(7) a. <u>rumors</u> that enemies will attack our country
　　b. 敵が我が国を攻撃するという<u>噂</u>

このように、日英語の語順は、鏡に映したようにきれいな**鏡像関係**（mirror image）をなすのだが、これをただ単に、日英語では語順が異なるとして片付けてしまうのではなく、ある１つの原則が日英語の文構造を決めているということを次の節で説明したい。

[1.3] 主要部

1.2 節で、「中心となる語」という言い方をしてきたが、これを**主要部**（head）と呼ぶことにしよう。(8) は、動詞（Verb, 以下 V と略記）を中心とする動詞句（Verb Phrase, 以下 VP）の構造を、そして (9) は、前置

詞・後置詞を主要部とする前置詞句（Prepositional Phrase, PP）・後置詞句（Postpositional Phrase, PP）である。いずれも、それぞれの句の中で、主要部が前（英語）あるいは後（日本語）に来ることを示している。

(8) a. [VP [V ate] bananas]　　b. [VP バナナを [V 食べた]]
(9) a. [PP [P from] Tokyo]　　b. [PP 東京 [P から]]

また、(10)の「when/とき」や(11)の「that/という」など、従属節を導く要素を**補文標識**（Complementizer, 以下 C）と呼ぶことにしよう。これらを主要部とする構造は CP ということになる。

(10) a. [CP [C When] my son was born], I was thirty-three years old.
　　 b. [CP 息子が生まれた [C とき]]、私は 33 歳でした。
(11) a. [NP [N rumors] [CP [C that] enemies will attack our country]]
　　 b. [NP [CP 敵が我が国を攻撃する [C という]] [N 噂]]

(11) は少し分かり難いかもしれないが、「that/という」を主要部とする CP が、名詞（Noun, 以下 N）である「rumors/噂」を主要部とする、名詞句（Noun Phrase, NP）の中に埋め込まれていることを示している。

このように、英語は**主要部前置**（head-initial）**型言語**であり、日本語は**主要部後置**（head-final）**型言語**である。つまり、様々な構造における日英語の語順の違いは、主要部位置という 1 つの原則が決めているということである。そしてこのことは、英語と日本語だけについて言えるのではなく、世界のどの言語も、主要部前置型か主要部後置型のいずれかであるとされているのである。ただし、ここで言う語順が、主要部と、主要部にとっての必須要素（これを**補部**（complement）と言う）の語順であることは十分に理解してほしい。(8)(9)での「bananas/バナナを」「Tokyo/東京」は、他動詞や前置詞・後置詞にとって必須であるし、(10)(11)でも、主要部の補文標識だけでは従属節が成り立たない。他方、「the big house/その大きい家」などでは、英語でも名詞が最後に来るが、形容詞や冠詞は名詞にとって必ずしも必須ではないので（(11a)の rumors 参照）、主要部と補部の語順に基づく原則の例外とはならないのである。

[1.4] 文の構造

　文の構造を確定するに際しては、現在形や過去形といったテンス（時制）のことを考える必要がある。先に日本語を観察してみよう。日本語では、「食べる」のような母音語幹動詞では、語幹 tabe にそのままテンスの -ru/-ta を付けて、現在形 tabe-ru（正確には非過去形）と過去形 tabe-ta を作る。一方、「行く」「泳ぐ」のような子音語幹動詞では、現在形は ik-u/oyog-u のように語幹にテンスの -u を付けるだけだが、過去形は it-ta/oyoi-da などのように音便形を取ると同時に、テンスが -ta/-da などとなる。が、いずれにせよ、語幹とテンスを形の上からも分けることが可能である。テンスがなければ完全文が成立しないので、文の主要部はテンスであると考えることにしよう。テンスは**屈折要素**（Inflection, 以下 I）と呼ばれ、文は I を主要部とする IP（Inflection Phrase, 屈折要素句）と捉えられることになる。(12a) の構造を見てほしい。I′ は I-bar と読む。

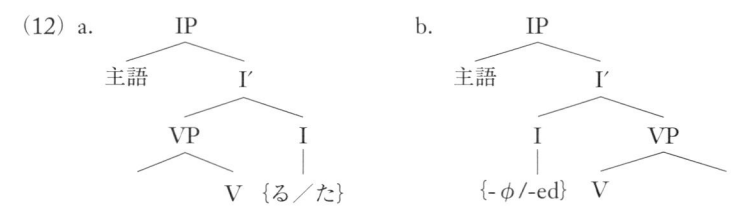

(12)　a.　　　　IP　　　　　　　　b.　　　　IP
　　　　　／＼　　　　　　　　　　　　／＼
　　　　主語　　I′　　　　　　　　　主語　　I′
　　　　　　／＼　　　　　　　　　　　　／＼
　　　　　VP　　I　　　　　　　　　　I　　VP
　　　　　｜　　｜　　　　　　　　　　｜　　｜
　　　　　V　{る／た}　　　　　　{-φ/-ed}　V

　他方、英語の場合、不規則動詞では語幹とテンスを分けられないが、規則動詞の過去形では work-ed のように分けることが可能なので、日本語と同様に考えておこう。主要部 I の位置が日本語と逆になることに留意しつつ、(12b) の構造を見てほしい（「-φ」は I work のように、形として現れない現在テンスを示す）。VP 主要部にある V は語幹なので、最終的にはテンスと結びつけなければならないが、とりあえず、テンス (I) を繰り下げて V にくっつけるとしておこう。

　これまでに見てきた VP/NP/PP/IP/CP など、ひとまとまりになる単語列を**構成素**（constituent）と言う。大きな構成素を小さい構成素に分けていくことも可能である（最も小さい構成素は単語である）。例えば前

節での (11a) では、全体が NP（一番外側の鉤括弧部分）となる構成素を N と CP という構成素に分け、CP をさらに、C とそれに後続する IP (enemies will attack our country の部分）に分けていくこともできる。

さて、(13) を例として、IP の構造をもう少し詳しく見ていこう。

(13) a.　The tall man killed the big rat.
　　　b.　背の高い男が大きなねずみを殺した。

IP は、主語として機能する NP、述部として働く VP、そして I からなる。例えば (13a) は、(14a) のような**ラベル付括弧表示**で描くこともできるが、(14b) のような**樹形図**（tree diagram）で描いた方が視覚的には分かりやすいだろう。

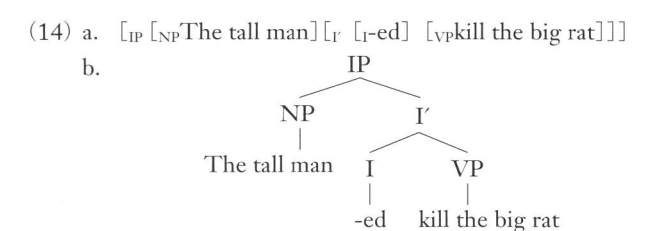

(14) a.　[IP [NP The tall man] [I' [I -ed] [VP kill the big rat]]]
　　　b.
```
              IP
            /    \
          NP      I'
          |      /  \
    The tall man I    VP
                 |    |
                -ed  kill the big rat
```

樹形図での「枝」の結び目を**節点**（node）と言い、節点や枝の先端に IP/I'/I/NP/VP などの統語範疇名を付けて表す。(14a, b) には、①構成素、②統語範疇名、③構成素の上下関係（IP が NP や VP より上にあるなど）に関する情報が含まれている。これらの情報の総体を**句構造**（phrase structure）と言う。樹形図については以下で次第に精密化していくことにしよう。

さて、(13a, b) では、主語を「the tall man/ 背の高い男」としているので、名詞 (N) より大きい構成素、すなわち NP であることが明らかだが、「John/ 太郎」などの場合はどうなるのだろうか。この場合でも、「John/ 太郎（が）」だけで主語を構成するので、NP と表記することにしよう。「句 (phrase)」とは、例えば the tall man のように、本来的には主要部 (man) にいろいろな要素が付いて「大きく」なったものを指す用語だが、大きくならなかったものも、それ自体で句を構成す

る（正確に言えば「投射が閉じる」）と考えるのである。[_{NP} [_N John]] のような構造であると理解しても構わない。前節（8）（9）での「bananas/バナナ（を）」と「Tokyo/ 東京」も、それと同様に（15）のように表記する（格助詞の「が」「を」が付いたものも NP とする理由は後に説明する）。

(15) a. [_{VP} [_V ate] [_{NP} bananas]]　b. [_{VP} [_{NP} バナナを] [_V 食べた]]
c. [_{PP} [_P from] [_{NP} Tokyo]]　d. [_{PP} [_{NP} 東京] [_P から]]

この観点から（13a）を精密に樹形図にすると（16）のようになる。Det は決定詞（Determiner, 冠詞など）、AP は形容詞句（Adjective Phrase）、N′（N-bar と読む）は、いわば「小さい NP」を指す。Tall/big は形容詞（A）なのであるが、上で書いたように、「John/ 太郎」が NP となりうるのと同じ理由で、つまり、それ以上大きくならなかったので AP とする。

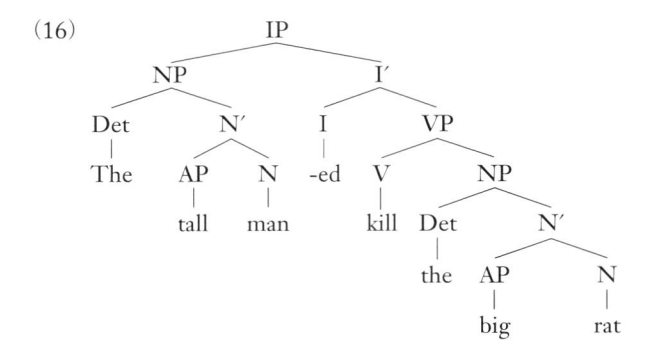

(16)
```
                  IP
                 /  \
               NP    I′
              /  \   / \
            Det   N′ I   VP
             |   / \ |  / \
            The AP  N -ed V  NP
                |   |     |  / \
               tall man  kill Det N′
                              |  / \
                             the AP  N
                                 |   |
                                big rat
```

設問 2

1.2 節で見た次の表現を樹形図で描いてみよう。助動詞の will（や can/may/must など）は I 位置に置くのが慣例である。

(a) rumors that enemies will attack our country
(b) 敵が我が国を攻撃するという噂

また、本節の（13b）も樹形図で描いてみよう。「背の高い」は、便宜上、1 つの AP としてよい。

[1.5] c統御

文を句構造（樹形図）で描いてみると、要素には上下関係に立つものや、同列関係にあるものの区別があることが分かる。例えば前節の (16) では、主語 NP は IP より下にあり、目的語 NP は VP の下にあるので、主語 NP より下にあることになる。句構造において、要素の上下関係が文法を規制する現象は多数あり、このことを捉えようとするのが c 統御である（この章では詳しく述べられないが、最先端の生成文法では、統語構造が関わるほとんどの文法現象を c 統御で説明しようとしている）。

下の句構造を見てほしい。ここで、上にある要素が下にある要素を**支配する** (dominate) と言う。A は B/α/β/γ を支配しているが、B は β/γ のみを支配している。今、α を例に取ると、α を支配する最初の枝分かれ節点 A が支配する要素は、α によって **c統御** (c(onstituent)-command) されると定義する。したがって、α は B/β/γ を c 統御している。

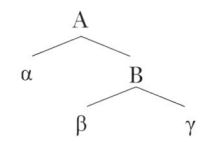

```
      A
     / \
    α   B
       / \
      β   γ
```

1.6 節と 1.7 節で c 統御が関わる文法現象の例を見ることにするが、上の説明だけでは直ちには理解できないかもしれないので、設問 3 で確認してから先に進もう。

設問 3

次の句構造において、B、F、H が c 統御する要素は何か答えなさい。

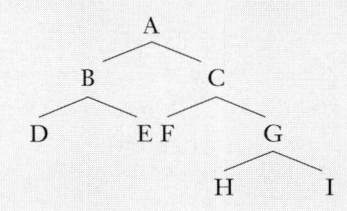

```
            A
           / \
          B   C
         /|   |\
        D E F  G
              /\
             H  I
```

[1.6] 代名詞の解釈

次の (17a) では、John と his を同じ人間として解釈すること (John を his の**先行詞** (antecedent) とすること) が可能だが、(17b) ではこれが無理である。「*」は**アスタリスク** (asterisk) と言い、統語論の分野で用いる場合、それが付けられている文や表現が非文法的であることを示す。(17b) の*は、John を He の先行詞とする解釈では非文であることを表している。

(17) a. John sent his book to Mary.
　　 b. * He sent John's book to Mary.

(17a, b) において、主語 John/He は VP の内部にある要素をすべて c 統御しているので、目的語の中にある his/John's も c 統御している。とすると、代名詞が先行詞を c 統御する場合、同じ人間として解釈できないのではないかという予測が立つ。

ところで、(17b) が非文となるのは、代名詞が先行詞より先に生じているからではないかと思われるかもしれない。語順の要因はもちろん無視できないのだが、代名詞が先行する文は、英語ではむしろごく普通に現れる。(18) は、Bill C. Malone が書いたアメリカ音楽史の一節であるが、2つの代名詞が先行しているおもしろい例である (they = white observers, them = blacks)。

(18) Black-white contact began so early and so omnipresent in American life that it is virtually impossible to know who profited most from the resulting musical exchange. From the time <u>they</u> first saw <u>them</u> on slave ships, <u>white observers</u> have commented frequently on <u>blacks</u>' alleged penchant for music.

　　(黒人と白人の接触は、アメリカ人の生活環境において非常に早い時期に始まり、かつ、いたる所で見られたので、音楽的な交換の結果、黒人・白人のどちらがより得をしたのか分からない。<u>彼ら</u>が奴隷船の中で初めて<u>彼ら</u>を見たときから、白人は、よく言われる黒人の音楽好きについてしばしば口にしてきた。)

さて、日本語の例を用いて、先行詞と代名詞がともに動詞句内に含

まれる例を観察しよう。同じ人間であることを示すために、先行詞と代名詞に**同一指示指標**（coreferential index）「i」を付ける。

 （19）a. 先生は花子$_i$に彼女$_i$の答案を渡した。
   b.＊先生は彼女$_i$に花子$_i$の答案を渡した。

（19）は、間接目的語と直接目的語を含む二重目的語構文であるが、これを主語の場合と同じ原則で説明しようとすれば、ここでのVP構造は、「小さいVP（V-bar）」を含む（20）でなければならないだろう。

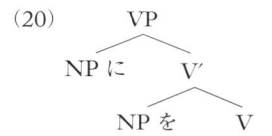

 （20）
```
         VP
        /  \
     NPに   V′
           /  \
         NPを   V
```

直接目的語の中に「彼女」が含まれている（19a）では、代名詞が先行詞「花子」をc統御していないが、間接目的語が「彼女（に）」である（19b）では、代名詞が先行詞をc統御していることが分かる。

 なお、V′は必要がある場合だけ設定すればよく、[$_{VP}$ ate bananas]などでは特には必要ない（N′も同様）。

[1.7] 作用域

 次の例を観察してみよう。

 （21）a. Everyone loves his mother.
   b. His mother loves everyone.

（21a）では、「みんな自分のお母さんのことが好きだ」という、「his」の複数解釈がありうるが、（21b）でのHisは、「ジョンのお母さん」といったような解釈しか得られない。この理由は、（21a）においてはEveryoneがhisをc統御しているが、（21b）ではこの関係が成り立っていないことによる。（21a）の場合、everyoneのように複数の意味を持つ**数量詞**（quantifier）が、hisに対して**作用域**（scope）を及ぼすという言い方をする。作用域を及ぼすための構造的条件がc統御なのである。

> **設問 4**
>
> 本節で見た作用域の現象は日本語でも見られる。次の文での「レポート」と「誰か」の解釈を、句構造を念頭に置いて、作用域の観点から考えてみよう。
> (a) 3人の学生がレポートを提出した。
> (b) どの選手も誰かを目標にして成長する。

2. 名詞句

[2.1] 格

文（IP）における述語は、文が表現する動作・状態の中心的な意味を担うので、文の中核的要素であると言ってよいだろう。しかし、名詞句も文の「参与者」として重要な役割を果たす。本節では、文中における名詞句の振る舞いを見るが、まず格から始めることにしよう。

名詞句は、文中に生じるとき、何らかの格（case）を持つ必要がある。現代英語は、格の形態がかなり崩れている（簡素化している）言語であるが、代名詞にはまだ格の形態が残っている。(22a) での he は**主格**（nominative case, 以下 **NOM**）、her は**対格**（accusative case, 以下 **ACC**）の形態を取っている。それに対して (22b) での日本語は、名詞句自体は形態を変えないが、格助詞の「が(NOM)」・「を(ACC)」を用いて格を表している。

(22) a. He scolded her.
　　 b. ｛太郎 / 彼｝が ｛花子 / 彼女｝を叱った。

さて、(23) での人名などは、英語でも代名詞とは異なり文中の位置によって格の形態を変えないが、この場合でも格は与えられていると考えよう。つまり、(23) での John は主格、Mary は対格ということである（日本語では「太郎が」「花子を」のように格助詞が付くことに注意）。

(23) John scolded Mary.

生成文法で言う格は、英語の代名詞のように形態に現れる場合もある

が、現れない場合もあり、その意味において**抽象格**（abstract case）と呼ぶべきものなのである。

　では、(24a) での her のように対格と同じ形態を取る、前置詞に後続する名詞句の格をどのように考えればよいだろうか。同様の問題が後置詞「と」を用いた (24b) での「彼女」などでも生じる。現代英語において、前置詞を残して WH 句だけを文頭に移動した (24c) は、目的語の WH 句を文頭に移動した Who did he love? などと同様に who でよいが、前置詞とともに WH 句を移動した (24d) では whom でなければならないので、前置詞・後置詞に伴う名詞句は、目的語の場合とは別の格、**斜格**（oblique case, 以下 **OBL**）を付与されていると考えよう。

(24) a.　He talked with her.
　　　b.　彼は彼女と話した。
　　　c.　Who did he talk with?
　　　d.　{With whom/ *With who} did he talk?

格付与に関して、対格と斜格には実は非常に重要な差があるのだが、このことについては以下の 2 つの節で説明することにしよう。

[2.2] 脱落形

　(25a, b) のように、英語の前置詞は脱落させることができないが（「*φ」は脱落形が非文となることを示す）、これは、(25c, d) で日本語の後置詞の脱落が不可能なことと平行している。

(25) a.　John saw the movie {with/ *φ} Mary.
　　　b.　John received a letter {from/ *φ} Mary.
　　　c.　太郎が花子 {と / *φ} 映画を観たそうだよ。
　　　d.　太郎が花子 {から / *φ} 手紙をもらったんだって。

他方、英語の主語と目的語には前置詞が付かないのに対して、日本語の主語と目的語では、格助詞が付いてもよいが脱落しても構わない。

(26) a.　John hit Mary.
　　　b.　太郎 {が / φ} 帰っちゃったよ。

c.　太郎が花子 {を / φ} 殴ったんだよ。

　ここで重要なことは、日本語の格助詞が脱落した (26b, c) が、英語での前置詞が付かない (26a) に対応しているということである。(25a–d) の場合と合わせて表にしておこう。

	日本語	英語
主語・目的語	格助詞脱落が可能	前置詞を用いない
前置詞・後置詞	後置詞脱落が不可能	前置詞脱落が不可能

この事実は、日英語の格に関して、共通する深い原則が隠れていることを示唆している。

[2.3] 格付与

　格は名詞句に対して付与 (assign) されるものである。対格は他動詞の目的語に現れる格なので、他動詞が目的語に対格を与えていると考えられる。他方、主語の場合、主節・従属節とも定形テンス (現在形・過去形など) を持つ (27a) では主格が付与されるが、定形テンスを欠く (27b) の従属節では主格が付与されないので、主格を付与するのは定形テンスであることになる (生成文法では、述語があると節を構成すると考えるので、(27b) も不定形述語 to be happy を含む従属節構造を取る)。

　(27)　a.　[He thought that [she was in love with Sam]].
　　　b.　[He thought [{her/*she} to be happy]].

それに対して斜格は、前置詞や後置詞によって付与される格であると考えられる。

　このような状況を、John received a letter from Mary を例として説明しよう。(28) の I 位置にある -ed は過去テンスを示す。矢印は格付与の方向を示し、名詞句に対して格を与える他動詞や定形テンス、そして前置詞 (日本語では後置詞) を**格付与子** (case-assigner) と言う。その上で、(29) の**格フィルター** (case filter) を定式化しておこう。「フィルター」とは、ある原則 (このページの例では格付与) に違反している文や表現を、非文法的として排除する仕組みのことを言う。

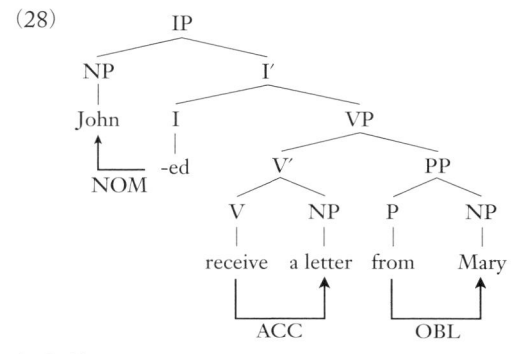

(28)
```
           IP
          /  \
         NP   I'
         |   / \
        John I   VP
             |  /  \
            -ed V'   PP
                /\    /\
               V  NP  P  NP
               |  |   |   |
           receive a letter from Mary
```
John → NOM
a letter → ACC
Mary → OBL

(29) 格フィルター
　　　文中における NP は抽象格が付与されていなければならない。

　主語に対しては定形テンスが抽象格 NOM を、目的語に対しては他動詞が抽象格 ACC を付与しているので、格の形態を示さない John や a letter でも格フィルターに違反しない。一方、日本語では、格助詞「が」「を」の有無にかかわらず抽象格が付与されているので、脱落形でも格フィルターに違反しない。そして、格助詞自体は格付与子ではないので、「が」「を」が付いたものも NP として扱うことになる。それに対して、前置詞や後置詞はそれら自体が格付与子であるから、それらを脱落させると名詞句に斜格を付与することができず、格フィルター違反が生じるのである。

[2.4] 意味役割

　次の (30a, b) はもちろん意味が異なるが、どちらも、主語が自らの意志で目的語を蹴ったという点では共通している。

(30) a. John kicked the donkey.
　　 b. The donkey kicked John.

ここで、意志を持って動作を行う NP を**動作主**（agent, AG）、（状態変化や位置変化を伴わずに）動作の影響を受ける NP を**被動作主**（patient, PAT）と定義し、(30a, b) の意味を［AG が PAT を蹴る］と一般化しておくと便利なことが多い。AG や PAT などのように、NP が文中で担う

意味機能を**意味役割**（thematic role, θ-role）と言う。
　上記以外のいくつかの意味役割の定義を見ておこう。
　原因（cause, **CAUS**）：意志を伴わずに動作や感情の原因となる NP
　経験者（experiencer, **EX**）：感情の影響を受ける（有生の）NP
　対象（theme, **TH**）：状態変化や位置変化を受ける NP、または状態や位置について述べられている NP
　場所（location, **LOC**）：対象（TH）の存在する場所を表す NP
　起点（source, **S**）：移動の出発点を表す NP
　着点（goal, **G**）：移動の到着点を表す NP

設問 5

次の文で下線を付けた NP の意味役割を答えなさい。
(a)　The storm shook the house.
(b)　Jane worried (about) whether Nancy could come or not.
(c)　Richard cut the wire.
(d)　このりんごはおいしい。
(e)　橋のたもとに犬がいる。

動詞や形容詞などの述語にとって、必須となる要素を**項**（argument）と言い、随意的な要素を**付加詞**（adjunct）と言う。例えば (31a) の文において、the professor と the student は項であるが、in the classroom は付加詞である。

(31) a.　The professor praised the student in the classroom.
　　 b.　praise：[AG PAT]

このうち、(31b) のように、項の意味役割をリストしたものを**項構造**（argument structure）と呼ぶ。

設問 6

次の述語の項構造を書きなさい。これらの述語が必須要素として

どのような項を取るのか、具体的な文を考えてから答えるのがよいだろう。

 (a) destroy (b) give (c) be beautiful
 (d) （ドアが）開く (e) 調べる

さて、文中に生じる NP と意味役割には次の対応関係がある。

(32) **θ規準**（θ-criterion）
 a. 1つの NP は1つの意味役割を付与されなければならない。
 b. 1つの意味役割は1つの NP に付与されなければならない。

例えば (33a) では、目的語を欠いているために read の項構造の1つをなす PAT が付与されずに残っており、(33b) では、「殴る」が有する PAT が2つの NP（「次郎」と「三郎」）に付与されているために、いずれも θ 規準違反となっている。

(33) a. *John read.
  b. *太郎は次郎を三郎を殴った。

[2.5] 音形を持たない名詞句

学校文法では、(34a, b) の鉤括弧部分には「意味上の主語」があるとするが、生成文法では、述語があれば節を構成すると考えるので、不定形述語 to attend を有する従属節の下線部分には、音形を持たない主語があると考える。

(34) a. John promised Mary [＿＿to attend the meeting].
  b. John persuaded Mary [＿＿to attend the meeting].

この下線部に来るものを **PRO**（big PRO）と呼ぶ。PRO は、(34a, b) のような不定詞節の主語位置か、John remembered [PRO seeing her before] のような動名詞節の主語位置のみに現れる。PRO が何を指すかは主節動詞によって決まり、(34a) の promise タイプでは主語（John）が **制御子**（controller）となり、(34b) の persuade タイプでは目的語（Mary）が制御子となる。制御子を含めて示すと次のようになる。

(35) a. John_i promised Mary [PRO_i to attend the meeting].
    b. John persuaded Mary_i [PRO_i to attend the meeting].

他方、日本語は、音形を持たない名詞句を英語よりさらに多用する言語であるが、(36a, b) のように、定形節の主語位置や目的語位置にも現れるので、英語などと区別して **pro** (small pro) と呼ぶことにしよう。(36a) の pro は「僕」を、(36b) の pro は「田中先生」を指すものである。

(36) a. A：昨日、pro 駅前で田中先生を見かけたよ。
    b. B：ああ、僕も pro 見かけた。

音形を取らない要素を設定するのは生成文法理論の特徴の1つである。

3. 移動

[3.1] 文法の枠組み

人間の脳の中には言語を司る部分（言語脳）があるが、この部分は以下のような5つの部門から成り立つと考えられている。

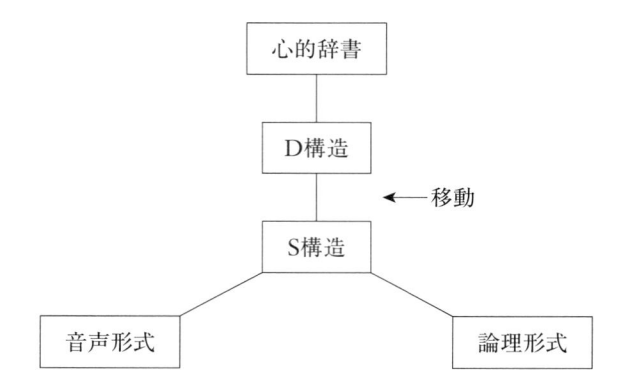

```
        ┌──────┐
        │心的辞書│
        └──┬───┘
        ┌──┴───┐
        │ D構造 │
        └──┬───┘
           │  ← 移動
        ┌──┴───┐
        │ S構造 │
        └──┬───┘
    ┌──────┴──────┐
┌───┴───┐     ┌───┴───┐
│音声形式│     │論理形式│
└───────┘     └───────┘
```

心的辞書（mental lexicon）は言語脳の中で語などが蓄えられている部分である。**D 構造**（D (eep) -structure）は文が基本的な形態（例えば基本語順）を取って現れる部門で、この表示に移動（move）などが適用されて **S 構造**（S (urface) -structure）が派生するが、移動がない場合は D 構造と同じとなる。そして、S 構造表示は、**音声形式**（Phonetic Form, **PF**）に

入力され音声言語となる一方、**論理形式**(Logical Form, **LF**) に入力されて意味解釈が行われる。このモデルを**逆 Y モデル**(inverted Y-model) と言う。このように、言語を司る部分をいくつかの部門（レベル）に分離するのは生成文法理論の特徴の 1 つである。

　また、移動を仮定するのも生成文法の大きな特徴の 1 つであるので、以下、「移動」を中心に説明することにしよう。

[3.2] 受動文

　現行の生成文法理論では、受動文は、対応する能動文から派生させるのではなく、最初の段階（D 構造）から能動文とは異なる (37a) の構造を立て、(37b) のように、目的語位置にある名詞句を主語位置 ((37a) の下線部) に移動させる。このとき、移動の元位置に**痕跡**(trace,「t」で示す) を残し、移動した要素と同じ指標 (i) が付けられる。

(37) a. $[_{IP}\underline{\quad}[_{I'}[_I \text{was}][_{VP}[_{V'}\text{scolded John}]\text{by the teacher}]]]$.
　　 b. $[_{IP}\text{John}_i[_{I'}[_I \text{was}][_{VP}[_{V'}\text{scolded } t_i]\text{by the teacher}]]]$.

　受動文を構成する動詞は、John was laughed at by his friends などのように、自動詞＋前置詞を用いるタイプ（この例では laugh+at）を除き通常は他動詞である。しかし、他動詞の場合でも、(38a, b) のように動作主を省き主語のみを残すことが可能である。(38a) は動作主が不明の場合であり、(38b) は動作主を背景化したい場合である。つまり、受動文とは、二項動詞（他動詞）を一項動詞（自動詞）に変換する操作であり、動作主 (by 句・「に（よって）」句) は付加詞であると言えよう。

(38) a. John was killed (by someone).
　　 b. 答案用紙が（試験官によって）回収された。

受動文において、他動詞が過去分詞形になったり（英語）、他動詞に「られ」が付いたり（日本語）すると ACC 付与能力がなくなると考えられる。これを**格吸収**(case absorption) と言う。格吸収が起こると、(37a) での John は、元位置に残ると格が付与されず格フィルター (29) の違反になるので、I によって NOM が付与される主語位置に移動す

るのである。

　なお、痕跡は目に見えない要素であるが、次の現象を考えると確かに存在することが分かる。

(39) a.　Which horse do you want ① to win ② ?
　　　b.　Which horse do you wanna win?

(39a)には、which horse が②の位置から文頭に移動する場合の「（競馬で）どの馬を勝ち取りたいですか（win は他動詞）」という意味と、①の位置から移動する場合の「（競馬で）どの馬に勝ってほしいですか（win は自動詞）」という2通りの意味がある。ところが、want to を口語体表現の wanna に縮約した(39b)では、which horse が②の位置から移動した場合の意味しかない。これは、which horse が①の位置から移動した場合、want t to のように間に which horse の痕跡が残り、これが wanna 縮約を阻んでいると説明できるのである。

設問 7

「太郎が先生に叱られた」という文について、痕跡を明示した上で、S 構造表示を樹形図で書きなさい。「られ」は動詞に付くものと考えよう。

[3.3]　上昇構文

　次の文では、主語 John の意味役割が括弧内に示すようにそれぞれ異なっているが、(40a–c)に共通する動詞 seem が、3種の別の意味役割を John に付与するとは考え難い。

(40) a.　John seems to win the race. (AG)
　　　b.　John seems to be happy. (TH)
　　　c.　John seems to worry about his health. (EX)

そして、(40a–c)と同等の意味を持つ文として(41a–c)があるので、seem が3種の意味役割を付与しているのではないことは明らかである。同様の振る舞いを見せる動詞に appear/be likely などがある。

(41) a. [$_{IP}$ It seems that [$_{IP}$ John will win the race]].
b. [$_{IP}$ It seems that [$_{IP}$ John is happy]].
c. [$_{IP}$ It seems that [$_{IP}$ John worries about his health]].

　以上のことは、例えば(40a)において、(42)のような移動が生じていることを示している。John は、D 構造では従属節の主語位置にあり、この位置で従属節述語によって意味役割が付与される。その上で、従属節中には定形テンスを担う要素がないので、格フィルター違反を免れるために、S 構造に至る派生の段階で主節の主語位置に移動するのである。このような構文を**上昇構文**（raising construction）と言う。

(42) a. [$_{IP}$ ＿＿seems [$_{IP}$ John to win the race]].（D 構造）
b. [$_{IP}$ John$_i$ seems [$_{IP}$ t$_i$ to win the race]].（S 構造）

なお、seem は自動詞なので、これが有する意味役割は 1 つのみであり、**命題**（proposition, PROP）という意味役割を従属節 IP 全体に付与する。他方、(41a–c)での it は意味役割を持たない要素であり、このような要素を**虚辞**（expletive）と言う。There is a book on the table などにおける there も虚辞である。

　さて、前節の受動文で見た移動は、目的語位置から主語位置への移動であったが、本節の上昇構文での移動は、従属節主語位置から主節主語位置への移動であった。いずれも項（argument）位置から項位置への移動である。項位置とは、D 構造において目的語や主語が生じうる位置であり、このような移動を **A 移動**（A-movement）と呼ぶ。A 移動は、元位置では格が付与されないので、格付与が可能な位置に移動する現象である。

[3.4] WH 移動

　次の WH 疑問文では、D 構造で目的語位置（②）を占めていた what が文頭に **WH 移動**（WH-movement）し、IP の主要部 I 位置（①）にあった will が主語の左に移動している。

(43)　What will you ① buy ② ?

主要部位置にある要素は、そのすぐ上の主要部位置に移動しなければならない（これを**主要部移動制約**(head-movement constraint)と言う）。IPの上位にある範疇を、補文標識 C を主要部とする CP とすれば、will と what は下記のように移動していることになる。

(44) [$_{CP}$ What$_i$ [$_{C'}$ [$_C$ will$_j$] [$_{IP}$ you [$_{I'}$ [$_I$ t$_j$] [$_{VP}$ buy t$_i$]]]]]？

下記(45)において、範疇 XP に支配された左側の位置を**指定部**(specifier, **Spec**)と言うが、WH 移動とは、WH 句を CP の指定部に移動する操作なのである（ちなみに、IP 指定部は主語位置である）。(45)は **X′式型**(X-bar schema)と呼ばれ、英語のような、主要部前置型言語の基本的句構造の形式を表している。日本語のような主要部後置型言語では主要部 X と補部の位置が逆になる（補部については 1.3 節参照）。

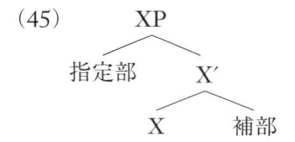

(45)
```
      XP
     /  \
 指定部   X′
        /  \
       X   補部
```

日本語は、英語とは異なり WH 句が（少なくとも目に見える形では）移動しない言語であり、(43)に対応する日本語文(46)において、WH 句「何」が目的語位置に留まっている（このような WH 句を**元位置の WH 句**(WH-in-situ)と言う）。

(46) あなたは何を買いますか？

英語と異なるのは、文末に疑問を表す「か」が位置することであるが、日本語の場合、CP 主要部の C 位置にある「か」が WH 句を c 統御することにより、WH 疑問文が成り立つと言えよう。

(47) [$_{CP}$ [$_{IP}$ あなたは何を買います] [$_C$ か]]？
      c 統御

ところで、英語において、(48a)のように間接疑問文を構成する従属節内から WH 句を抜き出すと非文になるが、(48b)のように that 節内から摘出した場合は正文となる。ここでは一体何が起こっているのだ

ろうか。

(48) a. *What_i did you wonder [where Mary bought t_i]?
    (cf. You wondered where Mary bought the book.)
   b. What_i did you think [that Mary bought t_i]?

(48a)では、従属節内において where が節頭に移動しているので、what が移動する前の従属節部分の構造は(49)のようになっている。

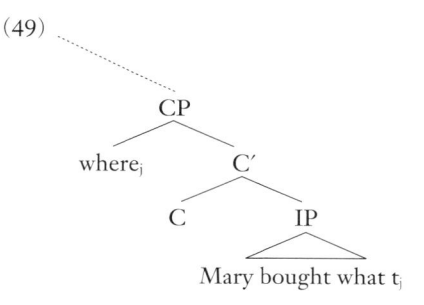

(49)

```
          CP
         /  \
    where_j  C'
            /  \
           C    IP
               /|\
          Mary bought what t_j
```

　移動は最短距離で行われなければならないと考えられている。例えば(48a)の場合、(50)の構造において bought の目的語位置にある what を、主節(便宜上 CP1 で示す)の下線部(CP1 指定部、(45)参照)に移動しようとしている。

(50) [_CP1 ___ … [_CP2 ___ …what]]

しかし、この移動の途中に従属節 CP2 の指定部(下線部)があり、ここに立ち寄らない移動は、最短距離で行われていないとされる。つまり、最終的に到着する場所と同じタイプの場所((50)の場合 CP 指定部)が移動の途中にあれば、そこに立ち寄らなければならないということである。ところが(48a)では、従属節 CP の指定部がすでに where で埋まっており、what は、ここに立ち寄ることができないので一足飛びに文頭に移動せざるを得ないが、この移動が最短距離で行われていないことに注意してほしい。(48a)の非文法性はこのことに起因しているのである。(48a)のように、要素をそこから抜き出せない構造((48a)では間接疑問節)を**島**(island)と言う。

　他方、(48b)が正文を導くということは、ここでの that 節が島を構

成しないということである。(48b) の従属節部分の構造 (51) を見てほしい。ここにおいて、that は CP 主要部の C 位置にあると考えられる (1.3 節参照)。

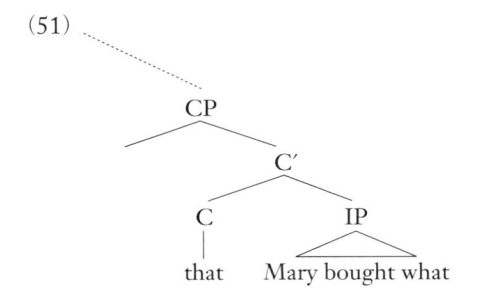

(51)
```
        CP
         \
          C′
         /  \
        C    IP
        |    / \
       that Mary bought what
```

(49) の構造との違いは、(51) では、what が元位置にある段階では従属節内で WH 移動が起こっていないので、CP 指定部が「空いている」点である。それで、what がこの位置を経由して文頭に移動することで、最短距離で移動することが可能になるのである。空いている CP 指定部を WH 移動に対する**逃避口** (escape hatch) と言う。

> **設問 8**
>
> 関係節内から WH 句を抜き出した (a) と、動詞が will を飛び越して移動した (b) が非文となる理由を考えてみよう。
> (a) *What$_i$ did you meet the boy who was wearing t$_i$?
> (b) *Eat$_i$ John will t$_i$ bananas?

[3.5] かき混ぜ操作

日本語は英語に比して語順の自由度が高い言語であり、動詞を文末に置く限り、他の要素の語順をかなり変えることが可能である。例えば (52a) は、基本的な意味内容を変えずに (52b, c) のように言うことができる。

(52) a. 太郎は生協で昼ご飯を食べた。
　　　b. 昼ご飯を$_i$、太郎は生協で t$_i$ 食べた。

　　　　c.　生協で$_i$、昼ご飯を$_j$、太郎は t$_i$ t$_j$ 食べた。

WH句をCP指定部に移動する英語のWH移動では、複数のWH句を移動した*Where$_i$ what$_j$ did you buy t$_i$ t$_j$? が不可能なので、(52b, c)での「昼ご飯を」や「生協で」がCP指定部に移動されているとは考え難いだろう。

　(52b, c)での文頭への移動操作を**かき混ぜ**(scrambling)と言うが、複数要素のかき混ぜが可能なことから、例えば(52c)では、次のような移動が起こっていると考えられている。

　　(53)　[$_{IP}$ 生協で$_j$ [$_{IP}$ 昼ご飯を$_i$ [$_{IP}$ 太郎は t$_j$ t$_i$ 食べた]]]。

(53)では、もとのIP(一番下のIP)の上にそれと同じ範疇IPを作り、そのIPが、かき混ぜられた要素を支配する構造となっている。このような構造を**付加構造**(adjunction structure)と呼ぶ。一般的に表せば(54)のようになるが、付加は複数回の適用が可能なことに注意してほしい。

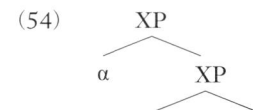

　　(54)　　　　XP
　　　　　　 ╱　　╲
　　　　　　α　　　XP

　さて、3.4節で見たWH移動と、本節で見たかき混ぜ操作は、いずれもD構造で目的語などの項が生じる位置(A位置、3.3節参照)から、WH句・かき混ぜ句を、それぞれCP指定部位置・IP付加位置に着地させる操作であった。これらの**着地点**(landing site)は、D構造で項が生じる位置ではなく非項位置(A′位置)であるため、WH移動やかき混ぜ操作は**A′移動**(A′-movement)と呼ばれる。A′移動は、A移動とは異なり、格が付与される位置から付与されない位置への移動である。

4. 生成文法の企て

　生成文法はマサチューセッツ工科大学(MIT)の **Noam Chomsky** を中心として開発されてきた理論で、チョムスキーによる1957年の著作 *Syntactic Structures* に始まり、50年以上に亘って現在も発展を続

けている、自然科学的な色彩が強い理論言語学の一分野である。ほぼ10年ごとに大規模な変革を経てきたという点でも自然科学的であると言えよう。生成文法の研究領域は、統語及び音声・意味構造の解明に留まらず、普遍文法、子供の言語獲得、失語症、機械翻訳、言語の起源その他多岐に亘るが、究極の目標は、脳の中にあり人間の言語能力を司っている部分（言語脳）の働きを明らかにすることである。チョムスキーは「脳と心 (brain/mind) の科学」ということばをしばしば用いる。以下、本章の最後に、生成文法が考える普遍文法について説明しておくことにしよう。

　子供は、誕生したときから、どの言語にも対応できる**普遍文法**(universal grammar, **UG**) を持っていると考えられている。UG は、すべての言語に共通する部分と、言語によって異なる部分から成り立つ。ただし後者も、でたらめに異なっているのではなく、**パラメター** (parameter) と呼ばれる少数の原則の規則的な異なりであると考える。本章で説明した原則で言えば主要部位置や WH 移動がそれに当たる。例えば英語は、主要部パラメターが前置型に設定されており、[+head-initial] のように表記される（日本語は [-head-initial] である）。また、英語は WH 移動を持つので、WH 移動パラメターは [+WH-move] となる（日本語は [-WH-move]）。子供の言語獲得が3歳くらいまでの極めて短い期間で達成されるのは、どの言語にも共通する部分は獲得する必要がなく、言語によって異なる部分も、[+] あるいは [-] の二項選択となるからであると考えられている。なお、パラメターを [±] に設定してゆくのは、周りで喋られていることばを刺激として受け取ることによるとされている。

　以上のことを図式化すると次のようになる。

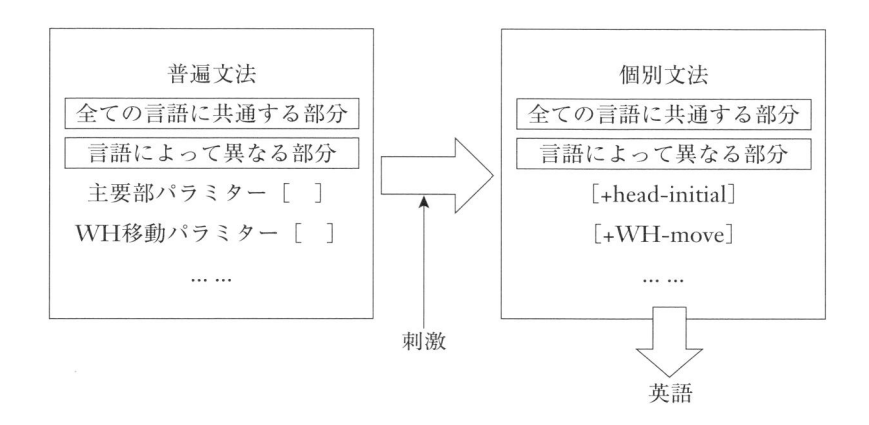

```
┌─────────────────────────┐         ┌─────────────────────────┐
│         普遍文法         │         │         個別文法         │
│ ┌─────────────────────┐ │         │ ┌─────────────────────┐ │
│ │ 全ての言語に共通する部分 │ │         │ │ 全ての言語に共通する部分 │ │
│ └─────────────────────┘ │   ──▶   │ └─────────────────────┘ │
│ ┌─────────────────────┐ │         │ ┌─────────────────────┐ │
│ │ 言語によって異なる部分  │ │         │ │ 言語によって異なる部分  │ │
│ └─────────────────────┘ │         │ └─────────────────────┘ │
│  主要部パラメーター［ ］  │         │    [+head-initial]      │
│  WH移動パラメーター［ ］  │         │    [+WH-move]           │
│        … …             │         │        … …             │
└─────────────────────────┘         └─────────────────────────┘
                              ▲                     │
                             刺激                   ▼
                                                   英語
```

生成文法が今後どう発展してゆくか予断を許さないが、どのような形で継承されようと、言語脳の働きを解明するという目標は受け継がれて行くことであろう。

Further Reading

» 中村捷・金子義明・菊地朗 (1989)『生成文法の基礎』(研究社)

1970年代までの古典的生成文法理論と、1980年代の統率・束縛理論（GB理論）を中心とする、必要十分な内容を含む概説書。後半の1/3はGB理論に基づく個別の構文研究となっており便利である。データはすべて英語。

» 中村捷・金子義明・菊地朗 (2001)『生成文法の新展開』(研究社)

1990年代に入ってからの生成文法はミニマリストプログラム（MP）と呼ばれているが、本書は、古典的生成文法・GB理論に加え、後半がMPの解説に充てられている。これもデータはすべて英語である。

» 三原健一 (1994)『日本語の統語構造』(松柏社)

GB理論に基づく日本語研究を総括し、著者の見解も大幅に加えた、概説書と研究書の合本の体裁を取っている。第一部はGB理論の基礎概念の解説に充てられ、第二部で、構文ごとに先行研究が紹介された後、著者独自の見解が述べられる。

» 三原健一・平岩健（2006）『新日本語の統語構造』(松柏社)

日本語研究を総括し、著者たちの見解を加えるという前著の体裁が継承されているが、枠組みはミニマリストプログラム（MP）に特化した内容となっている。第一部がMPの基礎概念の解説、第二部が構文ごとの先行研究の紹介と著者たちの見解という構成も前著と同様である。

» Radford, Andrew (1997) *Syntactic Theory and the Structure of English* (Cambridge University Press)

550ページを超えるので、分量が多すぎると言えなくもないが、練習問題も完備した、定評のあるミニマリストプログラムの概説書。懇切丁寧な解説にも魅力がある。

第**4**章

統語論　機能的構文論

高見健一

1. はじめに

　私たちは普段、次の (a) のような文をよく使うが、その一部を例えば (b) のように変えると、それが不自然で容認できない文だとすぐに気がつく（そのような文を「不適格文」と呼び、*で示す）。

(1) a. あれ、変な音<u>が</u>聞こえてきたぞ！
　　b. *あれ、変な音<u>は</u>聞こえてきたぞ！
(2) a. ハワイに行ったことがありますか？<u>何回か</u>。
　　b. *ハワイに行ったことがありますか？<u>何回</u>。
(3) a. 山田君が僕にこの本を<u>くれた</u>よ。
　　b. *山田君が僕にこの本を<u>やった</u>よ。

(1) – (3) の (a) と (b) は、一体何が違っており、どうして (a) は適格なのに、(b) は不適格なのだろうか。本章ではこのような違いを、文の構造だけでなく、その意味や働き、話し手の立場、聞き手が知っている情報と知らない情報というような観点から構文分析を行う「**機能的構文論**」(Functional Syntax) という文法理論に基づいて説明する。そして、英語でも同様の適格文や不適格文を観察し、英語と日本語の共通点や相違点を探るとともに、その背後にどのような規則があるのかを明らかにしたい ((1) – (3) は、それぞれ 2.4 節、2.3 節、3 節を参照)。

2. 文の情報構造

[2.1] 新情報と旧情報

　まず、次の 2 つの応答を考えてみよう。

(4) 　A: 　What did John do?
　　　B: 　<u>He</u>　　　　<u>broke the vase</u>.
　　　　　旧情報　　　　　新情報
　　　　　重要度がより低い　重要度がより高い

(5) A： Who broke the vase?
B： <u>John</u>　　　(broke the vase).
　　新情報　　　　旧情報
　重要度がより高い　重要度がより低い

(4A)の質問は、ジョンが何をしたかを聞いているので、(4B)の答えのHeは、聞き手((4A)の質問者)がすでに分かっている情報であり、一方、(4B)の答えの broke the vase は、聞き手がまだ知らない情報である。このように、聞き手が分かっていたり、文脈から予測できる情報を**旧情報**(old/given information)、逆に聞き手が知らなかったり、文脈から予測できない情報を**新情報**(new information)と呼ぶ。(4B)は、別の言い方をすれば、He は、聞き手にとって broke the vase より**重要度がより低い情報**(less important information)、逆に、broke the vase は、He より**重要度がより高い情報**(more important information)である。一方、(5A)の質問は、誰が花瓶を割ったか聞いているので、(5B)の答えの John は、聞き手がまだ知らない新情報（重要度がより高い情報）、broke the vase は、聞き手がすでに分かっている旧情報（重要度がより低い情報）である。

　ここで、(4B)と(5B)の答えを日本語にすると、主語を示す助詞が、次のように違うことに注意しよう。

(6) a.　<u>彼（ジョン）**は**</u>、花瓶を割った。(4B)
　　　　　主題
　　b.　<u>ジョン**が**</u>、花瓶を割った。(5B)
　　　　　総記

(6a)は、ジョン<u>について</u>、彼がどうしたかを述べており、このように、ある文が X について述べる場合、その X を**主題**(theme または topic)という。そして、日本語の「ハ」は、主題を示す係助詞であり、主題は旧情報（重要度がより低い情報）である。一方(6b)では、「（他の誰でもなく）ジョンが花瓶を割った」と述べており、このように、ある文が「他の人や物ではなく、X（のみ）が…」と述べる場合、その X を**総記**(exhaustive listing)という（「総記」という表現は、「X に当たるものを総

て列記する」と理解すれば分かりやすい）。そして、日本語の「ガ」は、総記を示す格助詞であり、総記は新情報（重要度がより高い情報）である（「ハ」と「ガ」のそれぞれもう1つの意味については2.4節で述べる）。

次に、(7) の2文を考えてみよう。

(7) a. I was born in Chicago.
b. I was robbed in Chicago.

(7a) は、「私はシカゴで生まれた」、(7b) は、「私はシカゴで強盗に遭った」という意味であり、両者は born と robbed が違うだけで、他には何の違いもないと思われるかもしれない。しかしよく考えると、(7a) には、次の (8a) の意味しかないのに対し、(7b) には、次の (9a, b) の2つの意味があることに気がつく。

(8) a. 私が生まれた所はシカゴです。
b. *シカゴでは私は生まれました。
(9) a. 私が強盗に遭った所はシカゴです。
b. シカゴでは私は強盗に遭いました。

(7a) にはなぜ (8b) の意味がないのだろうか。それは、(8b) は、文頭の「シカゴで」が主題を示す「ハ」を伴っていることから分かるように、シカゴで話し手がどうしたかを述べようとしているが、聞き手は、話し手が生まれたことはすでに分かっているので、話し手は (8b) を言う必要がないためである。つまり、(7a) の I was born は、聞き手がすでに分かっている旧情報である。そして、(7a) の話し手は、聞き手に自分がどこで生まれたかを述べようとしているので、in Chicago が聞き手の知らない新情報である。

(10)　　　I was born　　　　in Chicago. (=7a)
　　　　　旧情報　　　　　　新情報
　　　　重要度がより低い　　重要度がより高い

これに対し、(7b) は (9a, b) の2つの意味を持ちうるので、この文は次の2つの情報構造を持っていることになる。

(11) a. <u>I was robbed</u>　　　<u>in Chicago.</u> (=7b)（(9a) の意味に対応）
　　　　旧情報　　　　　　新情報
　　　　重要度がより低い　　重要度がより高い
　　b. <u>I was robbed</u>　　　<u>in Chicago.</u> (=7b)（(9b) の意味に対応）
　　　　新情報　　　　　　旧情報
　　　　重要度がより高い　　重要度がより低い

そして、(7b) が (11a, b)（つまり (9a, b)）のどちらを意味するかは、この文が用いられる文脈によって決まることになる。

　上記の考察は、(8b) と (9b) の日本語に対応させて、(7a, b) の in Chicago を文頭に出すと、次のように適格性が違うことからも裏づけられる。

(12) a. *In Chicago, I was born.（(8b) の意味に対応）
　　b. In Chicago, I was robbed.（(9b) の意味に対応）

(12a, b) の文頭の In Chicago は、「シカゴで<u>は</u>」と訳されることから分かるように、**主題副詞**（thematic adverb）と呼ばれ、旧情報である。一方 (10) や (11a) の文末の in Chicago は、「シカゴで」と訳され、**焦点副詞**（focus adverb）（「焦点」とは、新情報の中でも最も重要度の高い情報）と呼ばれ、新情報である。一般に、主題副詞は文頭に置かれ、焦点副詞は文末に置かれるが、これは、強勢（ストレス）が置かれる要素や、例えば only や「ガ」などで示された焦点要素（例　Only John knows the secret./<u>青森のりんごが</u>一番おいしい。）を除けば、文の情報構造が、通例、すべての言語に当てはまる次の原則に従うためである。

(13) **情報の流れの原則**：文中の語順は、旧情報（重要度のより低い情報）から新情報（重要度のより高い情報）へと配列される。

設問 1

次の (a) – (f) のどの要素にも特別な強勢を置かないで、普通のイントネーションで読んだ場合、2つの下線部の情報の新旧（重要度の高低）を述べなさい。

(a)　<u>In New York</u>, there's always something <u>interesting to do</u>.

(b) Only in Hawaii do these flowers grow.
(c) I put your clothes in a basket.
(d) Tom sent Bobbie a box of chocolate.
(e) I walked into the kitchen. On the counter was a large book.
(f) It was in Paris that I met Mary for the first time.

設問 2

次の 2 文の意味の違いを述べなさい。
(a) 田中さんは、この会社の社長です。
(b) 田中さんが、この会社の社長です。

[2.2] 省略

ここで、(7a, b) を疑問文にした次の応答を考えてみよう（省略された要素を φ で示す）。

(14) A: Were you born in Chicago?
　　 B: *Yes, I was born　φ　.
(15) A: Were you robbed in Chicago?
　　 B: Yes, I was robbed　φ　.

(14A)(15A) の質問に対し、(14B)(15B) の答えは、ともに in Chicago を省略しているが、(14B) は不適格で、(15B) は適格である。これはなぜだろうか。

(14A) の質問は、「あなたが生まれたのはシカゴかどうか」を尋ねている（つまり、新情報の部分を尋ねている）のに対し、(14B) の答えは、新情報の in Chicago を省略し、旧情報の I was born を残している ((10) を参照)。つまり、質問者が分からない（聞きたい）部分を答えず、質問者がすでに分かっている部分をわざわざ答えているので、(14B) は不適格だと考えられる。一方 (15A) の質問は、「あなたが強盗に遭った所がシカゴかどうか」を尋ねている ((9a) 参照) のではなく、「シカゴではあなたが強盗に遭ったかどうか」を尋ねている ((9b) 参照)。そして

(15B)の答えは、その尋ねている新情報 I was robbed を残し、尋ねていない旧情報 in Chicago を省略しているから適格だと考えられる。したがって会話は、聞き手が尋ねている部分（新情報）を答え、聞き手が分かっている部分（旧情報）は省略しても構わないことになる。前節の(5A–B)で、Who broke the vase? の質問に答える際、John とだけ答え、broke the vase を省略してもよいのは、このためである。この点から、省略に関して次の制約があることが分かる。

(16) **省略順序の制約**：省略は、旧情報（重要度がより低い情報）を表す要素から新情報（重要度がより高い情報）を表す要素へと順に行う。つまり、新情報（重要度がより高い情報）を表す要素を省略して、旧情報（重要度がより低い情報）を表す要素を残すことはできない。

日本語に関しても同様のことが言える。次の例を見てみよう。

(17) A： 君は朝5時に起きるんですか。
　　 B：*はい、僕は　φ　起きるんです。
(18) A： 君は朝5時にはもう起きていますか。
　　 B： はい、僕は　φ　もう起きています。

(17B)では、「朝5時に」を省略して(17A)の質問に答えることができないが、(18B)では、「朝5時には」を省略して(18A)の質問に答えることができる。この違いは、これら2つの文が次のように異なる情報構造を持っていることから説明できる（主語「僕は」は、文の主題であり、他の2つの要素より重要度が低い情報であるが、この点は除く）。

(19) a.　僕は、朝5時に　　　起きるんです。
　　　　　　　新情報　　　　旧情報
　　　　　重要度がより高い　重要度がより低い
　　 b.　僕は、朝5時には　　もう起きています。
　　　　　　　旧情報　　　　新情報
　　　　　重要度がより低い　重要度がより高い

人が朝起きるのは、聞き手が予測できる旧情報なので、(19a)は、話し手がいつ起きるかを述べた文であり、朝5時に起きるか起きないかを

述べた文ではない。つまり、「朝5時に」が新情報（つまり、焦点副詞）で、「起きるんです」は旧情報である。一方(19b)は、朝5時には話し手がどういう状態にあるか（まだ寝ているかもう起きているか）を述べた文であり、いつ起きているかを述べた文ではない。つまり、「朝5時には」は旧情報（つまり、主題副詞）で、「もう起きています」が新情報である。したがって、(17B)では、新情報の「朝5時に」を省略し、旧情報の「起きるんです」を残しており、(16)の省略順序の制約に違反して不適格となる。一方(18B)では、旧情報の「朝5時には」を省略し、新情報の「もう起きています」を残しており、(16)の制約を満たしているため適格となる。

　上では、会話での省略を見たが、次のような文中での省略に関しても同じことが言える。

(20) a.　I was a teenager in the 80's, and she　φ　in the 90's.
　　 b. *I was still a teenager in the 80's, and she　φ　in the 90's.
(21) a.　父は息子に2万円やった。母は　φ　3万円やった。
　　 b. *父は息子に2万円やった。母も息子に　φ　やった。

(20a)は、話し手と彼女が、それぞれいつティーンエイジャーだったかを述べているので、in the 80's/90's が新情報、was a teenager が旧情報である。(20a)の第2文は、その新情報を残し、旧情報を省略しているので適格となる。一方(20b)は、話し手と彼女が、それぞれ80年代と90年代にどのような状態にあったかを述べているので、still a teenager が新情報、in the 80's/90's が旧情報である。(20b)の第2文は、その新情報を省略し、旧情報を残しているので不適格となる。

　次に(21a)は、父と母が息子にそれぞれお金をいくらやったかを述べているので、「息子に」が旧情報、「2/3万円」が新情報である。(21a)の第2文は、その旧情報を省略し、新情報を残しているので適格となる。一方(21b)は、父と母が息子に2万円ずつやったことを述べているので、(21a)と同じく、「息子」が旧情報、「2万円」が新情報である。(21b)の第2文は、その旧情報を残し、新情報を省略しているので不適

格となる。

設問 3

次のそれぞれの省略が適格、及び不適格となる理由を説明しなさい（?? は、*ほど適格性が低くはないものの、かなり不自然な文を示す）。

(a)   John likes chicken, and Mary φ pork.
(b) *Tom doesn't like bananas, and Sue φ oranges.
(c) A： 会場まで歩いて行けるんですか。
    B： はい、 φ 行けるんです。
(d) A： 会場まで歩いて行ったんですか。
    B：*はい、 φ 行ったんです。
(e)   宏は東大を卒業し、治は φ 中退した。
(f) ??宏は東大を卒業し、治も φ 卒業した。

[2.3] 日英語の基本語順と移動

次の英文とそれに対応する日本語を見てみよう。

(22) a. I played tennis with Mary after school.
        ①   ②   ③   ④
     b. 私は、放課後 メアリーと テニスを した。
              ④   ③   ②   ①

(22a, b) では、主語以外の要素の語順が日英語で逆転しているが、これは、両言語の**基本語順** (basic word order) が次のようになっているからである（「付加詞」とは、主語や目的語など、文の義務的要素ではなく、副詞句のような任意要素）。

(23) a. 英語： 主語＋動詞＋目的語＋付加詞$_1$＋…＋付加詞 n
     b. 日本語：主語＋付加詞 n ＋…＋付加詞$_1$＋目的語＋動詞

さて、(22a) の英文は、主語の I が主題で、この文は話し手がどうしたかを述べているが、どの要素が最も重要度の高い焦点と解釈される

のだろうか。この問いに答えるために、次の疑問文がそれぞれどの要素を尋ねているか、言い換えれば、**疑問の焦点**（focus of question）がどの要素であるかを考えてみよう。

(24) a.　Did you play tennis?
　　 b.　Did you play tennis with Mary?
　　 c.　Did you play tennis with Mary after school?

これらの文のどの要素にも特別な強勢（ストレス）を置かないで、普通の疑問文のイントネーションで読むと、(24a) は、「君がしたのは<u>テニスか</u>」、(24b) は、「君がテニスをしたのは<u>メアリーとか</u>」、(24c) は、「君がメアリーとテニスをしたのは<u>放課後か</u>」と解釈される。つまり、文末の要素が尋ねられており、疑問の焦点になっている。このように、英語の文は一般に、文末の要素が話し手の最も伝達したい焦点であり、これを**文末焦点の原則**（principle of end focus）という。そしてこれは、(13) の「情報の流れの原則」の当然の帰結である。

　私たちが実際に用いる文は、常にそれぞれの言語の基本語順に従って要素が配列されるわけではなく、様々な要素が移動したり、倒置したりする場合がある。例えば次の文を見てみよう。

(25) a.　John sent a bouquet of flowers to Mary.
　　 b.　John sent _____ to Mary a bouquet of flowers.（重名詞句移動）
(26) a.　[An animal with long hind legs] sprang out of the bushes.
　　 b.　[An animal _____] sprang out of the bushes [with long hind legs].（名詞句からの外置）

(25a) の基本語順の文に対して、(25b) では、目的語の a bouquet of flowers が文末に置かれており、これは**重名詞句移動**（heavy NP shift）と呼ばれる。また (26a) の基本語順の文に対して、(26b) では、主語名詞句の一部 with long hind legs が文末に置かれており、これは**名詞句からの外置**（extraposition from NP）と呼ばれる。それではなぜ、話し手は基本語順を逸脱して、このような文を用いるのだろうか。それは、話し手が文末焦点の原則にのっとり、(25b) では、ジョンがメアリーに

送ったものが何であるか、また(26b)では、茂みから跳び出してきた動物がどんな動物だったかを述べようとしているからである。つまり話し手は、文末の要素が自分の最も伝達したい焦点要素であることを聞き手に構文法的に明示しようとしているわけである。

次のような倒置文に関しても同じことが言える。

(27) a. <u>On the table</u> is <u>a crystal vase full of roses</u>. (場所句倒置)
　　　　場所句　　　　　　　主語

b. Her appetite is surprising. <u>Even more surprising</u> is <u>her
　　　　　　　　　　　　　　　　比較句

love for clothes.</u> (比較句倒置)
主語

(27a)は**場所句倒置**(locative inversion)、(27b)の第2文は**比較句倒置**(comparative inversion)と呼ばれるが、どちらも主語が最も重要度の高い焦点要素であり、話し手は、テーブルの上に何が置いてあるか、彼女の食欲よりさらに驚くべきことが何であるかを述べようとしている。したがって、(27a)の On the table や(27b)の Even more surprising は、文脈から予測される旧情報(重要度がより低い情報)であり、話し手は情報の流れの原則(13)や文末焦点の原則に合わせてこのような倒置文を用いることになる。

次に、日本語の場合を考えてみよう。日本語では通例、動詞が文末に固定されているので((23b) 参照)、動詞が新情報を表す(19b) (以下に再録)のような場合は、情報の流れの原則(13)と一致する。

(28) 僕は、<u>朝5時には</u>　　<u>もう起きています</u>。(=19b)
　　　　　旧情報　　　　　新情報
　　　　重要度がより低い　重要度がより高い

一方、動詞が旧情報を表す場合は、その直前の要素が文中で最も重要度の高い焦点情報となる。この点は、次のような疑問文で疑問の焦点がどの要素であるかを考えてみると明らかになる。

(29) a.　新宿で係長と飲んだの?

　　　　b.　係長と新宿で飲んだの？

両文をどの句にも強勢を置かないで読んだ場合、疑問の焦点は、(29a)では「係長と」であるが、(29b)では「新宿で」である。つまり、(29a)は、聞き手が新宿で（お酒を）飲んだのは、係長と一緒にだったかどうかを尋ねているのに対し、(29b)は、聞き手が係長と飲んだのは、新宿でだったかどうかを尋ねている。したがって、日本語の文の情報構造は、動詞が旧情報を表す場合、一般に次のように表すことができる。

　(30) 日本語の文の情報構造：[_S 主語……………｜動詞]
　　　　　　　　　　　　　　　　　　　→
　　　　　　　　　　　　　　　重要度がより高い

　私たちが実際に用いる文は、日本語でも、(23b)の基本語順に従った文ばかりではない。例えば次の文を見てみよう。

　(31)　a.　京子は 2003 年に東大を卒業した。（基本語順）
　　　　b.　京子は東大を 2003 年に卒業した。（かき混ぜ）
　(32)　a.　我が校の 5 人の生徒が、今年東大を受験した。（基本語順）
　　　　b.　我が校の生徒が、今年東大を 5 人受験した。（数量詞遊離）

(31a)の基本語順の文に対して、(31b)では、目的語の「東大を」が付加詞の「2003 年に」を越えて左に移動しており、付加詞が動詞直前にある。このような要素の移動は**かき混ぜ**(scrambling)と呼ばれる。また(32a)の基本語順の文に対して、(32b)では、主語の一部である「5 人」が動詞直前に置かれており、これは**数量詞遊離**(quantifier float)と呼ばれる。それではなぜ、このような操作が行われるのだろうか。それは、話し手が(30)の情報構造にのっとり、「2003 年に」や「5 人」をこの文の焦点要素として構文法的に明示しようとしているからである。つまり、(31b)は、京子が東大を卒業したのがいつかを述べようとし、(32b)は、今年東大を受験した話し手の学校の生徒が何人であるかを述べようとしている。このような焦点要素は、基本語順の場合は、その要素に強勢を置いて発話すれば明らかとなるが、書きことばでは強勢が利用できないため、話し手は構文法的に、(30)に従って焦点要素を

マークすることになる。

　日本語の書きことばでは、動詞が文末に固定されているが、話しことばでは、基本語順を逸脱して、動詞の後ろに様々な要素が次のように置かれる。

(33) a. 昨日、新宿で飲んだよ、<u>係長と</u>。(付加詞)
　　 b. 僕も今読んでいますよ、<u>村上春樹の本</u>。(目的語)
　　 c. 先生にネクタイをプレゼントしました、<u>エルメスの</u>。(名詞修飾辞)

(33a)では付加詞、(33b)では目的語、(33c)では名詞修飾辞が、それぞれ動詞の後ろに現れているが、このような文をここでは**後置文**と呼ぶことにする。

　(33a–c)で気づくことは、後置要素は補足的情報で、旧情報であるという点である。(33a)の話し手は、係長と昨日（お酒を）どこで飲んだかを聞き手に伝えようとしていると解釈される。つまり、動詞直前の「新宿で」がこの文の焦点であり、後置された「係長と」は、聞き手がすでに知っている旧情報で、確認のために述べられた補足情報にすぎないと解釈される。(33b, c)でも同様である。したがって、後置文の場合も踏まえた日本語の文の情報構造は、次のように表すことができる。

(34) 日本語の文の情報構造：[ₛ 主語……… | 動詞、<u>後置要素</u>]

　　　　　　　　　　　　　　　→
　　　　　　　　　　重要度がより高い　　　旧情報

　(34)から、次の後置文がなぜ不適格なのか説明できる。

(35) a. *僕は起きます、<u>朝5時に</u>。
　　 b. *桜はこの辺りでは咲きます、<u>5月初めに</u>。
　　 c. *私はいつも寝ます、<u>家内が寝た後で</u>。

(35a)では、後置要素が焦点副詞の「朝5時に」なので、(34)に違反している。また(35b)は、桜がこの辺りではいつ咲くかを述べようとしており、(35c)は、話し手が寝ることは自明の事柄なので、自分がいつ寝るかを述べようとしている。そのため、これらの文では、後置要素が

焦点であり、(34) に違反するので、不適格となる。

> **設問 4**
>
> それぞれの文が適格、及び不適格となる理由を説明しなさい。
> (a) *I received _____ from my friend by email last night the news.
> (b) In a little white house lived two rabbits. The rabbits were named Flopsy and Mopsy, and they spent their days merrily invading neighborhood gardens.
> (c) In a little white house lived two rabbits. *The house was the oldest one in the forest, and it was in disrepair. All the animals in the forest worried that someday the house would come crashing down.
> (d) 君はもう食べたの？僕が切ってあげたりんご。
> (e) *君はもう食べたの？何を。(cf. (2a, b))
> (f) 彼がワインをくれました、ボルドーの。
> (g) *彼はワインしか飲みません、ボルドーの。

[2.4]「ハ」と「ガ」の機能

2.1 節で、日本語の「ハ」は文の主題を示し、「ガ」は総記を示すと述べたが、「ハ」はさらに**対照**（contrast）、「ガ」はさらに**中立叙述**（neutral description）（ある人や物を他の人や物と対比せず、その場で新しく取り上げ、それについて述べる）も示す。これらの４つの例を見てみよう。

(36) **主題**を示す「ハ」
  a. 校長先生は、来年３月でお辞めになります。
  b. 日本人は、勤勉だと言われてきました。（総称名詞）
(37) **対照**を示す「ハ」
  a. 太郎は来ますが、花子は来ません。
  b. あの子は、肉は食べるが、魚は食べない。

(38) **総記**を示す「ガ」
　　a. 今年こそは阪神タイガース<u>が</u>優勝するぞ。
　　b. 木村君<u>が</u>クラスで一番背が高い。
(39) **中立叙述**を示す「ガ」
　　a. ああ、空<u>が</u>きれいだね。
　　b. おや、急に黒い雲<u>が</u>出てきたぞ。

　主題となる名詞句は、話し手と聞き手の間で了解済みの人や物、あるいは「日本人」のような**総称名詞**に限られ、旧情報として機能する。一方、対照を示す名詞句は、(37)の例から分かるように、他の名詞句と対比的に用いられ、新情報を表す。総記を示す名詞句は、「(今話題にしている人や物の中で)X(のみ)が…」という意味になり、新情報を表す。中立叙述を示す名詞句は、(39a, b)から分かるように、聞き手に何の予備知識もない状態で話し手が述べるような場合に用いられ、その名詞句を含む文全体が新情報として機能する。

> **設問 5**
>
> 　次の下線部の名詞句は、主題、対照、総記、中立叙述のどれに当たるか述べなさい。
> 　(a)　<u>太郎は</u> <u>刺身は</u>好きです。
> 　(b)　<u>東京スカイツリーは</u>、世界で最も高い電波塔です。
> 　(c)　大変だ、<u>池の鯉が</u>死んでいるぞ。
> 　(d)　<u>京子が</u>フランス語を知っているよ。
> 　(e)　机の上に<u>バラの一輪挿しが</u>置いてある。

3. 視点

[3.1] 話し手の視点と相互動詞

まず次の文を見てみよう。

　(40) a.　John married Mary last month.

b. Mary married John last month.
（41）a. 太郎は昨日新宿で花子と出会った。
　　　b. 花子は昨日新宿で太郎と出会った。

Marry, meet,「結婚する、離婚する、付き合う / 交際する、会う / 出会う、デートする」などの動詞は**相互動詞**（reciprocal verb）と呼ばれ、例えばジョンがメアリーと結婚すれば、逆にメアリーはジョンと結婚することになる。したがって、上の (a) と (b) はまったく同じ事柄を述べている。それなら、(a) と (b) は一体何が違っているのだろうか。そして、1つの事柄を述べるのに、どうして2通り（以上）の表現方法があるのだろうか。

　上の (a) と (b) は、話し手が当該の出来事をどのような立場から描写しているかで異なると考えられる。ジョンとメアリーが結婚した場合、話し手はこの出来事をジョン寄りの立場からでも、メアリー寄りの立場からでも、あるいは両者に中立の立場からでも描写することができる。このような立場を話し手の**視点**（viewpoint）、あるいは**共感度**（empathy）という。ここで、話し手の視点を表すのにその人の目を描き、(40a, b) を次のように示してみよう。

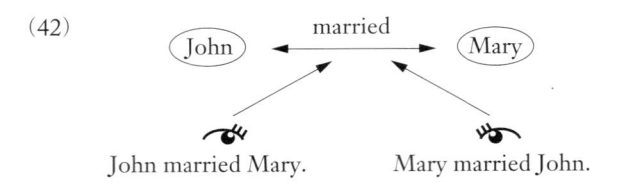

（42）

　　　　　　　　married
　　　John ←―――――→ Mary

　　John married Mary.　　Mary married John.

話し手がジョンの友達で、メアリーのことはそれほど知らなかったり、聞き手とジョンの話をしているときなどは、話し手はジョン寄りの視点をとり、(40a) のように言う。逆に、話し手がメアリーの友達で、ジョンのことはそれほど知らなかったり、聞き手とメアリーの話をしているときなどは、メアリー寄りの視点をとり、(40b) のように言う。そして、話し手が中立の視点をとれば、John and Mary（あるいは Mary and John や They）married last month. のように言うであろう。

以上から、話し手は一般に、自分に近い、親しみのある人や物寄りに自分の視点を置き、それを文の主語（または主題）にして出来事や事象を述べることが分かる。そのため、話し手の視点に関して、次のような階層関係があると言える。なお、「表層構造」とは、実際に用いられる文（構造）のことで、E は Empathy（共感度）の頭文字、＞は、その左側が右側より共感度が高いことを示す。

(43) **表層構造の視点階層**：一般的に言って、話し手は、主語寄りの視点をとる方が、他の名詞句寄りの視点をとるより容易である。
E（主語）　＞　E（他の名詞句）

相互動詞の場合は、当該の出来事に関わる二人の人のどちらを主語にしても、同一の動詞が用いられるが（(40)(41)参照）、次のような場合は、主語に応じて動詞が異なる。

(44) a.　John sold a CD to Mary.
　　 b.　Mary bought a CD from John.
(45) a.　昨日、巨人は阪神に 5-3 で勝った。
　　 b.　昨日、阪神は巨人に 3-5 で負けた。

(44)で、ジョンがメアリーに CD を売れば、メアリーはそれを買ったことになり、(45)で、巨人が阪神に勝てば、阪神は巨人に負けたことになる。このように、sell — buy, lend — borrow, teach — learn, send — receive,「勝つ―負ける、貸す―借りる、やる／あげる―もらう、話す／言う―聞く」などの動詞は、いわばコインの裏表で、話し手が当該事象に関わる人物のどちらを主語に立てるかによって、どちらが用いられるかが決まる。そして話し手は、ここでも、(43)の表層構造の視点階層に従って、主語寄りの視点をとる方が容易であり、例えば話し手が巨人ファンであれば、巨人寄りの視点をとって(45a)を用いるのが自然であるし、阪神ファンであれば、阪神寄りの視点をとって(45b)を用いるのが自然である。ただ、話し手がアナウンサーなど、中立の視点に立つ場合は、「昨日は巨人が阪神に 5-3 で勝ちましたが、今日はどのような展開になるでしょうか」のように、「勝つ」を用いるのが

普通である。

> **設問 6**
>
> 次の文では、話し手はどのような視点に立って事態を描写しているか、述べなさい。
> (a)　Susan rented a room from Mrs. Green.
> (b)　Mrs. Green rented a room to Susan.
> (c)　ボストンは、旭川と緯度が同じで、春は遅いですが、花が一斉に咲いてとてもきれいです。
> (d)　旭川は、ボストンと緯度が同じで、春は遅いですが、花が一斉に咲いてとてもきれいです。

[3.2] 話し手の視点の一貫性

前節の例では、ある出来事に関与する人が、話し手以外の人物であったが、次に話し手自身がその出来事に関与する場合を見てみよう。

(46) a.　I met Mary on the street this morning.
　　 b. *Mary met me on the street this morning.
(47) a.　僕は昨日渋谷で花子とデートした。
　　 b. *花子は昨日渋谷で僕とデートした。

(46)(47) の meet,「デートする」は相互動詞で、道で話し手がメアリーと出会えば、メアリーは話し手に出会ったことになる。そのためこれらの例では、(a) も (b) もともに適格であるはずであるが、話し手を主語にした (a) は適格であるものの、メアリーや花子を主語にした (b) は不自然で、よほど特殊な文脈がない限り、このような文を唐突に用いることはできない。どうしてこのような違いが生じるのだろうか。

それは、ある出来事に話し手自身が関与する場合、話し手は、当然、自分自身の視点をとるのが普通だからである。つまり話し手は、その出来事を他人の側からではなく、自分の側から描写するわけである。したがって、次の視点階層を設けることができる。

(48) **発話当事者の視点階層**：話し手は、常に自分の視点をとらなければならず、自分より他人寄りの視点をとることはできない。
　　　　E（話し手）　＞　E（他人）

　（46a）の適格性と（46b）の不適格性は、（43）の表層構造の視点階層と（48）の発話当事者の視点階層の相互作用により説明することができる。表層構造の視点階層によれば、話し手は、（46a）では主語のI寄り、（46b）では主語のMary寄りの視点をとっている。一方、発話当事者の視点階層によれば、話し手は、（46a, b）の両方で話し手のI（=me）寄りの視点をとっている。これら2つの視点関係は、（46a）では何ら矛盾しないが、（46b）では、次に示すように論理的矛盾を含んでいる。

(49)（46b）の視点関係
　　　表層構造の視点階層：　E（Mary）　＞　E（I）
　　　発話当事者の視点階層：E（I）　＞　E（Mary）

　　　　　＊E（Mary）　＞　E（I）　＞　E（Mary）

（46a）は、2つの視点関係が矛盾せず、話し手の視点が一貫しているので適格となり、（46b）は、2つの視点関係が論理的に矛盾しており、話し手の視点が一貫していないので不適格になると説明できる。そしてこの点から、次の原則を立てることができる。

(50) **視点の一貫性**：単一の文は、視点（共感度）関係に論理的矛盾を含んでいてはならない。

　（47a, b）も同様に説明できる。表層構造の視点階層により、話し手は、（47a）では主語の「僕」寄り、（47b）では主語の花子寄りの視点をとっている。一方、発話当事者の視点階層により、話し手は、（47a, b）の両方で話し手の「僕」寄りの視点をとっている。これら2つの視点関係は、（47a）では何ら矛盾しないが、（47b）では矛盾しており、話し手の視点が一貫していない。よって、（47a）は適格、（47b）は不適格となる。

　次に、ある出来事に関与する人が、「ジョン」や「太郎」のように、

話し手と聞き手が了解しており、すでに談話（話し手と聞き手の話、話題）に登場している人物と、a New York Times reporter や「ある女性」のように、初めて談話に登場する人物の場合を考えてみよう。

(51) John had quite an experience at the party he went to last night.
   a.　He met a New York Times reporter.
   b. *A New York Times reporter met him.
(52) 太郎はいつまでも独身だと思っていたが、驚いたよ。
   a.　彼は沖縄出身のある女性と結婚したよ。
   b. *沖縄出身のある女性が彼と結婚したよ。

談話主題のジョンや太郎を主語にした(a)は適格であるが、初めて談話に登場する人物を主語にした(b)は不適格である。これはなぜだろうか。

　それは、話し手は、すでに談話に登場している人物に自分の視点を近づける方が容易であるためだと考えられる。そしてこの点から、次の視点階層を設けることができる。

(53) **談話主題の視点階層**：話し手は、談話にすでに登場している人物に視点を近づける方が、談話に新しく登場する人物に視点を近づけるより容易である。
　　　　　E（談話主題）　＞　E（新登場人物）

(51a)の適格性と(51b)の不適格性は、(43)の表層構造の視点階層と(53)の談話主題の視点階層の相互作用により説明することができる。表層構造の視点階層によれば、話し手は、(51a)では主語のHe (=John)寄り、(51b)では主語のa New York Times reporter寄りの視点をとっている。一方、談話主題の視点階層によれば、話し手は、(51a, b)の両方で談話主題のJohn寄りの視点をとっている。これら2つの視点関係は、(51a)では何ら矛盾しないが、(51b)では、次に示すように論理的矛盾を含んでいる。

(54) (51b) の視点関係
　　　表層構造の視点階層：E (a NYT reporter)　＞　E (John)
　　　談話主題の視点階層：E (John)　＞　E (a NYT reporter)
　　　--
　　　　　＊E (a NYT reporter)　＞　E (John)　＞　E (a NYT reporter)

よって、(51a) は (50) の視点の一貫性を満たして適格、(51b) はそれに違反して不適格となる。(52a, b) も同様に説明できる。

　上の例で見た動詞は、meet,「デートする、結婚する」などの相互動詞であった。相互動詞ではない次のような例では、話し手がとる2つの視点関係が論理的に矛盾しているにもかかわらず、上で見たような不自然さがなく、まったく適格である。

(55) a. Mary slapped me on the face yesterday.
　　 b. 花子は昨日僕を名指しで批判した。
(56) a. John had quite an experience at the party he went to last night. A New York Times reporter asked him about his occupation.(cf. 51b)
　　 b. 太郎はもてない男だと思っていたが、驚いたよ。沖縄出身のある女性が彼にプロポーズしたらしいよ。(cf. 52b)

(55a, b) では、話し手は、表層構造の視点階層により、主語のMaryや花子寄り、発話当事者の視点階層により、話し手のme,「僕」寄りの視点をとっており、これら2つの視点関係が矛盾している。(56a, b) でも、表層構造の視点階層と談話主題の視点階層に関して、話し手がとっている2つの視点関係が矛盾している。それにもかかわらず、これらの文が適格なのはどうしてだろうか。

　相互動詞の場合は、話し手は、例えば太郎と花子が出会ったという出来事を記述するのに、太郎を主語にすることも、花子を主語にすることもできる。つまり、話し手はどちらを主語にするかを意図的に選択している。したがって、例えば(51b) (=＊A New York Times reporter met him.) で、A New York Times reporter を主語にしたのは、話し手

の意図的な選択である。そして、話し手はそうすることによって、意図的に談話主題の視点階層に違反している。そのため、そのペナルティーとして(51b)が不適格になると考えられる。これに対して、(55)(56)の動詞 slap, ask,「批判する、プロポーズする」は、行為者を主語の位置に、行為の対象を目的語の位置に置くという、大部分の他動詞が共有する特性を持っている。したがって、もし行為者が a NYT reporter で、行為の対象が John なら、(56a)(= A NYT reporter asked him about his occupation.)が自動的に(ひとりでに)生じることになる。つまり、(56a)の主語が a NYT reporter であることには、何ら話し手の意図性がない。よって、このような場合は、話し手が談話主題の視点階層に違反しても、そのペナルティーがなく、適格になると考えられる。この点から、話し手の談話法規則の違反に関して次のような規則があると考えられる。

(57) **談話法規則違反のペナルティー**：談話法規則に意図的に違反したときには、特殊な文(多くの場合、不適格文)が生じるが、非意図的に違反した場合には、そのようなペナルティーがない。

設問 7

次のそれぞれの文が適格、及び不適格となる理由を説明しなさい(どの要素にも特別な強勢を置かず、普通の平叙文のイントネーションで読むものとする)。

(a) I sent a Valentine's Day present to Mary.
(b) ??Mary received from me a Valentine's Day present.
(c) I told Mary that Mike passed the exam.
(d) ??Mary heard from me that Mike passed the exam.
(e) 昨日仕事が終わった後、(僕は)同僚と飲みに行った。
(f) ??昨日仕事が終わった後、同僚が僕と飲みに行った。
(g) アメリカ人の金髪の女性が、渋谷で太郎に話しかけた。
(h) ??アメリカ人の金髪の女性が、渋谷で太郎に出会った。

[3.3] 受身文

　前節で、slap や ask,「批判する、プロポーズする」のような多くの他動詞は、行為者が主語位置に、対象が（与格）目的語位置に自動的に置かれるので、話し手が意図的に主語位置に何を置くかを決める相互動詞とは異なることを示した。ただ、これは能動文に関して言えることで、話し手が意図的に受身文を用いる場合は、行為者ではなく、対象を主語位置に置くことになる。次の例を見てみよう。

　　（58）a.　Mary slapped John on the face yesterday.
　　　　　b.　John was slapped on the face by Mary yesterday.

Slap という他動詞を (58a) のように能動文で用いる限り、行為者のメアリーが主語位置に、対象のジョンが目的語位置に置かれ、話し手がこれを意図的に決めることはできない。そのため、(58a) は話し手が意図的に選択した構文ではないため、話し手の視点が主語のメアリー寄りなのか、目的語のジョン寄りなのか、あるいは両者に中立なのか分からない。それに対して (58b) は受身文であり、話し手はあえて特別な構文操作をして、**有標な**（marked）（つまり、特別な形式の）受身文を意図的に用いている。したがって (58b) では、話し手の視点が表層構造の視点階層 (43) により、主語のジョン寄りであることが示されている。

　ここで、次の文を見てみよう。

　　（59）a.　When John criticized Mary, he was slapped by her on the face.
　　　　　b.　*When Mary was criticized by John, he was slapped by her on the face.
　　（60）Mary had quite an experience at the party she went to last night.
　　　　　a.　She slapped a drunken reporter on the face.
　　　　　b.　*A drunken reporter was slapped on the face by her.
　　（61）a.　私は山田さんにとても褒められた。
　　　　　b.　*山田さんは私にとても褒められた。

(59)–(61) の (a) はいずれも適格であるが、(b) はすべて不自然で、不適格である。これはなぜだろうか。

　(59a) では、ジョンがメアリーを批判したので、彼は彼女に平手打ち

を食わされている。この文の主節は受身文で、話し手は意図的に主語をジョン（he）にしているので、話し手の視点はジョン寄りである。一方 (59b) では、副詞節も主節も受身文なので、話し手は、副詞節ではメアリー寄りの視点を、主節ではジョン寄りの視点をとっていることになる。これら2つの視点関係は矛盾しているので、この文は不適格となる。次に (60a) では、能動文が用いられており、談話主題がメアリーなので、話し手はこの文でメアリー寄りの視点をとっていることになる。一方 (60b) の話し手の視点は、談話主題の視点階層により、メアリー寄り、しかし受身文を用いているので、表層構造の視点階層により、酔ったリポーター寄りとなる。これら2つの視点関係は矛盾しており、この文は不適格となる。さらに (61a) では、話し手の視点が、表層構造の視点階層により、主語の「私」寄り、発話当事者の視点階層により、話し手の「私」寄りで、これら2つの視点関係が矛盾せず、適格となる。一方 (61b) では、話し手の視点が、表層構造の視点階層により、主語の「山田さん」寄り、発話当事者の視点階層により、話し手の「私」寄りで、これら2つの視点関係が矛盾しているので、不適格となる。

　興味深いことに、相互動詞は、次に示すように受身文にはならない。

(62) a. *Mary was married by John last month. (cf. 40a)
　　 b. *Sue was met by Steve at Dunkin' Donuts on Main Street.
(63) a. *花子は太郎に3年間付き合われ、その後結婚した。
　　 b. *京子は次郎に昨日、いつものコーヒーショップで会われた。

なぜ相互動詞は受身文にならないのだろうか。それは、例えばジョンとメアリーが結婚した場合、話し手がジョン寄りの視点をとれば、John married Mary. と表現し、メアリー寄りの視点をとれば、Mary married John. と表現するので、受身文の助けを借りる必要がないためである。

　ただ、(62a) で、ジョンが例えば牧師で、メアリーと他の誰かの結婚式を司ったという意味だったり、(62b) の meet が「出会う」という意

味ではなく、「出迎える」という意味であれば、次の実例のように適格となる。

(64) a. Paul and I <u>were married</u> by Father Simon on October 6th, 2007. (ポールと私は、サイモン神父の司式で 2007 年 10 月 6 日に結婚した。)
b. At the Rome Airport we <u>were met</u> by an Italian lady who was an official licensed guide. (ローマの空港で私たちは、公認のガイドであるイタリア人女性に出迎えられた。)

(64a) の marry は、「〈牧師・司祭などが〉〈人を〉結婚させる」という意味であり、(64b) の meet は、「〈人や乗り物などを〉出迎える」という意味であり、ともに相互動詞ではない。そして話し手は、これらの文で話し手たち自身の視点から自分たちが経験した出来事を描写している。

設問 8

次のような無生物主語の受身文は、不自然、不適格であるが、この不適格性を説明するには、表層構造の視点階層に加え、もう 1 つ、どのような視点階層が存在すると考えられるだろうか。

(a) ??/* *Harry Potter* was read by John last year.
(b) ??/* この靴は父に履かれている。

[3.4] 対称詞（人の呼び名、呼称詞）の視点階層

仮にジムとリンダという夫婦がいて、ジムがリンダに CD をプレゼントしたとする。話し手は、この出来事を次の (65a–c) (66a, b) を用いて記述することはできるが、(66c) を用いることはできない。

(65) a. Jim gave Linda a music CD.
b. Jim gave his wife a music CD.
c. Linda's husband gave her a music CD.
(66) a. Linda was given a music CD by Jim.
b. Linda was given a music CD by her husband.

　　　　　c. *Jim's wife was given a music CD by him.

　なぜ（65a–c）（66a, b）は適格なのに、（66c）は不適格なのだろうか。
　（65a）は能動文で、Jim と Linda という固有名詞が用いられ、話し手の視点がどこにあるかを示す構文法上の手掛かりがない。それに対し（65b）では、リンダを指すのに his（= Jim's）wife という、ジムに依存する、ジム中心の表現を用いているから、話し手はジム寄りの視点をとっていると考えられる。また（65c）ではジムを指すのに Linda's husband という、リンダに依存する、リンダ中心の表現を用いているから、話し手はリンダ寄りの視点をとっていると考えられる。したがって、次のような視点階層を設けることができる。

　　（67）**対称詞の視点階層**：対称詞 x（例えば Jim）と、x に依存する対称詞 f(x)（例えば Jim's wife）がある場合、話し手の x と f(x) に対する共感度に次の関係が成り立つ。
　　　　　　　　$E(x) \quad > \quad E(f(x))$

　そうすると、（66a–c）は受身文なので、これらの文の適格性や不適格性は、表層構造の視点階層と対称詞の視点階層の相互作用により説明することができる。（66a）では、Linda と Jim という固有名詞が用いられているので、対称詞の視点階層は関与せず、この文は受身文なので、表層構造の視点階層により、話し手の視点がリンダ寄りである。また（66b）では、話し手の視点は、表層構造の視点階層により、受身文の主語のリンダ寄り、ジムのことを her husband と言っているので、対称詞の視点階層により、リンダ寄りである。これら 2 つの視点関係は矛盾せず、この文は適格となる。一方（66c）の話し手の視点は、受身文の主語が Jim's wife（= Linda）なので、表層構造の視点階層によりリンダ寄り、しかし、リンダのことを Jim's wife と言っているので、対称詞の視点階層によりジム寄りとなる。これら 2 つの視点関係は矛盾するので、この文は不適格となる。

　以上述べてきたように、ある出来事は、しばしば 2 つ以上の表現方法で記述されうるが、それらの表現の論理的内容は同じであっても、

話し手がどこに自分の視点を置いて記述するかに関して異なる場合が多い。そして話し手は、単一の文で一貫した視点をとらなければならず、上で示したような視点階層に関して矛盾するような視点をとることはできないことが明らかとなった。英語の文章を読む際にも、その書かれた英文のみを理解するのに留まらず、話し手の視点がどこにあるかを考えながら読むと、英語の一層深い理解が得られるであろう。また日本語の場合も、話し手の視点を意識することによって、ことばに対してより深い洞察や興味が得られることと思われる。

設問 9

次の文は能動文であるが不適格である。その理由を考えてみよう（Linda と Jim は夫婦とする）。

(a) *Linda's husband gave Jim's wife a music CD.

設問 10

「やる（あげる）」と「くれる」に関して、次の文の適格性を参考にして、話し手はどのような視点からこれらの動詞を用いるか考えてみよう。

(a) 僕は花子に時計をやった / あげた。
(b) *僕は花子に時計をくれた。
(c) *花子は僕に辞書をやった / あげた。
(d) 花子は僕に辞書をくれた。

さらに次の文を参考に、「もらう」はどのようになっているか考えてみよう。

(e) *花子は僕から時計をもらった。
(f) 僕は花子から辞書をもらった。

Further Reading

» 久野暲（1978）『談話の文法』(大修館書店)

日英語の省略と視点に関して、機能的構文論の立場から詳細な分析がなされており、本章での議論はこの著書に多くを負っている。興味深い言語事実が次々と提示され、言語を分析するには、統語的な規則だけでなく、意味的、機能的要因も考慮に入れなければならないという主張が明快に示されている。

» 久野暲・高見健一（2004, 2005, 2007, 2009, 2013a, b, 2014, 2015, 2017, 2018）『謎解きの英文法』(くろしお出版)

「冠詞と名詞」、「文の意味」、「否定」、「単数か複数か」、「省略と倒置」、「時の表現」、「使役」、「副詞と数量詞」、「動詞」、「形容詞」の10冊で、一般読者を対象に英文法の様々な「謎」を平易に解説している。特に、学校文法で明示的に説明されなかったり、扱われなかった多くの文法事象を、ことばの意味に焦点を当てて明らかにしている。

» 久野暲・高見健一（2007）『英語の構文とその意味』(開拓社)

省略、数量詞、否定、使役文、場所句倒置など、英語の様々な構文を機能的構文論の立場から分析し、生成文法と機能的構文論の関係を論じている。

» 高見健一（1995）『機能的構文論による日英語比較』(くろしお出版)

日英語の受身文と後置文を機能的構文論の立場から分析したもの。

» 高見健一（1997）『機能的統語論』(くろしお出版)

日英語の後置文、省略、結果構文、受身文、Tough 構文、中間態と可能態、視点、再帰代名詞、数量詞の作用域を簡潔に議論し、機能的構文論をやさしく解説したもの。

» 神尾昭雄（1990）『情報のなわ張り理論』(大修館書店)

「情報のなわ張り」という概念が、言語使用において極めて重要な役割を果たすことが日英語を中心に明快かつ興味深く示されている。初学者にも分かりやすく書かれ、言語の機能的分析の必要性を理解するには絶好の書。

» 澤田治美（1993）『視点と主観性』(ひつじ書房)

日英語の助動詞、文副詞、感情表現、代名詞の照応などを形式と意味の側面から入念に分析したもの。例文が実際の小説から引用されたものなど多くあり、興味深い。

第5章
語彙意味論

小野尚之

1. 語の意味

　この章で取り上げる**語彙意味論**（Lexical Semantics）は、語（単語）の意味とは何か、語の意味は別の語の意味とどのように関係するか、語の意味は形態や統語にどのように関わるかなどを考える言語研究の一分野である。語の意味を明らかにすることは一般的な辞書においても行われていることである。しかし、辞書の記述とは異なり、語彙意味論では個々の語の意味を正確に定義することよりも、一般性の高い原理や法則といったものから意味に関わる様々な現象を説明することに重点が置かれる。そのため、個々の語の意味を基本的な構成要素に分解して分析することがしばしば行われる。これを**語彙分解**（lexical decomposition）といい、意味を構成する要素は**意味成分**（semantic features）と呼ばれる。

　では、まず初めに語彙分解の例を具体的に見てみよう。例えば、man, woman, boy, girl はそれぞれ「人」を表す点では同じであるが「性別」、あるいは「大人か子供か」という点で異なっている。そこで、これらを3つの意味成分 [±HUMAN] [±MALE] [±ADULT] として想定する。±の意味は、＋であればその成分を持ち、－であればその成分を持たないか、反対の値を持つということである。すなわち、[-MALE] はその反対の値、つまり [+FEMALE] と同じと考えてよい。これによって、man, woman, boy, girl はそれぞれ次のような意味成分に分解することができる。

(1)
		HUMAN	MALE	ADULT
a.	man：	＋	＋	＋
b.	woman：	＋	－	＋
c.	boy：	＋	＋	－
d.	girl：	＋	－	－

こうすることによって、語ごとに意味を定義するのではなく、様々な語に共通する基本要素に還元して意味を記述することが可能になる。

名詞と同様に、動詞の意味に関しても語彙分解によって意味成分に分けることができる。例えば、(2) に見られる動詞はそれぞれ意味が異なるが、共通して「ある方向に移動する」という意味を持っている。

(2) a. Eric rode a bike to the park.(エリックは公園に自転車で行った。)
b. Marvin swam across the river.(マービンは川を泳いで渡った。)
c. John ran through the building.(ジョンは建物の中を走り抜けた。)

この「移動する」という意味を GO という意味成分として表すことにする。そして、それぞれの動詞が伴う to the park のような前置詞句は様々な「経路」を表していることから、これを同じように PATH〈経路〉という要素として捉えておく。さらに、ride a bike (自転車に乗る), swim (泳ぐ), run (走る) は「移動の仕方」と見ることができるので、これを MANNER〈様態〉という意味成分とする。すると、(2) の文は語彙分解すると次のようになる。

(3) 　［GO+MANNER PATH］

つまり、動詞は［GO+MANNER］、前置詞句は［PATH］をそれぞれ意味成分として持つと考えられる。なお、動詞の意味の詳しい分析は 5 節で取り上げることにする。

語彙分解という手法は、このように個々の意味を構成する要素を取り出して、より一般性の高いレベルで意味分析を行うことを可能にしている。次節からこのような方法を用いて語彙意味論の様々な問題を考えていこう。

設問 1

(1) を参考に、次の語を意味成分を用いて分析してみよう。その際、(1) の意味成分以外に必要になるものがあれば、それも考えてみよう。

　　　　horse, stallion, mare, mustang

2. 意味関係

　語彙の中には、語と語が特定の**意味関係**（semantic relation）で結びつくものがある。例えば、dog と animal、apple と fruit には個体と種の関係（類と種の関係）、あるいは、young と old、male と female には対立の関係が認められる。このような意味関係の分析は、語の意味を考える上でとても重要な手掛かりを与えてくれるので、語彙意味論において多くの研究が行われている。次節からは、その主なものとして、上下関係、部分・全体関係、反意関係、同義関係を取り上げて見ていくことにする。

[2.1]　上下関係

　上下関係（hyponymy）は、下に示すように、2つの語の間に「XはYの一種である（X is a kind of Y）」という関係が成り立つものをいう。日本語の訳文でも同じことが言えるので、言語の違いを越えてこのような関係があると考えられる。

(4) a. dog：animal　　　　　A dog is a kind of animal.
　　　犬：動物　　　　　　犬は動物の一種である。
　　b. apple：fruit　　　　　An apple is a kind of fruit.
　　　りんご：果物　　　　りんごは果物の一種である。
　　c. table：furniture　　　A table is a kind of furniture.
　　　テーブル：家具　　　テーブルは家具の一種である。

このときYに当たるものを**上位語**（hypernym）、Xに当たるものを**下位語**（hyponym）と呼ぶ。dog と animal では、animal が上位語としてより広い概念を表し、下位語の dog はその中に含まれる。animal と上下関係にあるのは dog 以外にも cat, bear, lion, elephant などがある。図で表すと、複数の下位語が1つの上位語の下に置かれる次のような関係が成り立つ。

(5)
```
                    animal
     ┌────────┬───────┼───────┬─────────┐
    dog      cat    bear    lion    elephant
```

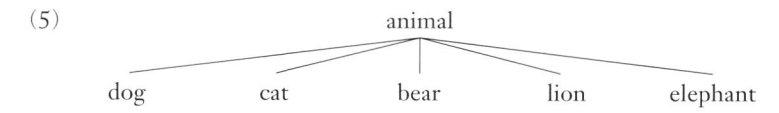

なお、下位語同士で並びの関係にあるものを**同位語**（cohyponym）という。

さて、上下関係にある語には、**含意**（entailment）という関係が成り立つといわれている。含意とは、あるものを指して(6a)が言えれば、必ず(6b)が言えるような関係をいう。ここでは含意を＞という記号で表す。

(6)　a.　Rover is a dog.　＞　b.　Rover is an animal.
　　　　 ローバーは犬だ。　　　　ローバーは動物だ。

つまり、あるものが犬であれば、それは必然的に動物であるということである。注意しなければならないのは、その反対は言えないことである。反対向きに言えば、動物であるものが必ず犬であるということになるが、これはすぐに正しくないことが分かるだろう。

この含意関係を踏まえて、上下関係にある語がどのように関係づけられているかをもう少し考えてみよう。先ほどの意味成分という観点から考えると、dog と animal が上下関係を成すのは、dog に [+animal] という意味成分が備わっているからと言える。(5) の同位語には dog 以外にもすべてこの意味成分が備わっていると言えるだろう。同じ意味成分は上位語である animal にも当然含まれていると考えられるので、次に示すように、上下関係にあるすべての語が共通の意味成分を持つことが分かる。

(7)
```
                 animal [+animal]
     ┌──────────┬────────┼────────┬──────────┐
    dog        cat      bear     lion      elephant
  [+animal] [+animal] [+animal] [+animal] [+animal]
```

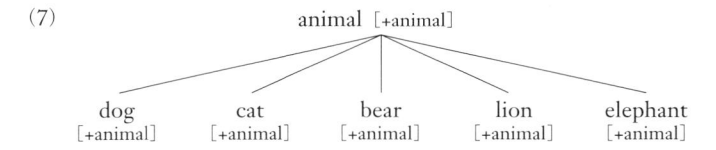

これは見方を変えれば、上位語の意味成分を下位語が受け継いでいるということもできよう。つまり、上下関係とは意味成分の受け継ぎに

よって成り立つ関係であることが分かる。

> **設問 2**
>
> 次の語のペアのうち上下関係にあるものはどれか。
> (a) boot：footwear　(b) apple：kiwi　(c) chair：furniture
> (d) 親：子　(e) はさみ：文房具　(f) 犬：ペット

[2.2] 部分・全体関係

　部分・全体関係（meronymy）は、「X は Y の一部である（X is a part of Y）」と言い表すことのできる X と Y の関係である。例えば、典型的には finger と hand、wing と bird、roof と house のようなものが部分・全体関係を成すと考えられる。このとき、finger のように部分になるものを**部位語**（meronym）、hand のように全体に当たるものを**全体語**（holonym）という。部分・全体関係にはこの他に次のようなものがある。

　　(8)　day：month,　engine：car,　cockpit：airplane,　tip：finger
　　　　目：顔、通り：町、取っ手：鍋、寝室：家

上記の部位語のうち、engine, cockpit などは部位であることから独立して意味が成立するが、部位語の中には、tip, top, bottom, corner などのように、必ず何かの一部になるものがある。例えば、tip〈先端〉は対応する全体語がなければ何を指すものかは分からない。

[2.3] 反意関係

　反意関係（antonymy）（対義関係ともいう）とは、例えば、man：woman, adult：child, hot：cold, old：new, high：low などのように、語と語の意味が対立ないし矛盾の関係にあるものをいう。反意関係は、先の 2 つの意味関係と異なり、必ず対立する一対の語の関係として捉えられる。

　反意関係が成立するためには、対になる語が、意味成分を共有すると同時に、その中の一部が対立していなければならない。2 つの語が

意味成分を共有しなければ無関係な語となるだけで、反意語にはならないことに注意が必要である。例えば、man と woman は、[human]という意味成分を共有し、[male/female]という意味成分が対立する。また、「熱い」と「冷たい」は、[temperature]を共有し、[high/low]という部分が対立する。

さて、反意関係には大きく分けて2種類ある。1つは、**相補的反意語**（complementary antonym）というもので、この反意関係にあるものは2つのうち一方を選べば、一方が否定される。例えば、自然の性にはmale（オス）と female（メス）のどちらかしかないので、一方が選択されれば、もう一方は否定される。相補的反意語の例としては次のようなものがある。

(9) true：false, male：female, even：odd, dead：alive
　　 内：外、正：負、未婚：既婚

相補的反意語を含意の観点から考えてみると、一方の肯定は他方の否定を含意することになることが分かる。次の例を見てみよう。

(10) a. His dog is male.　　　＞　　His dog is not female.
　　　　彼の犬はオスだ。　　　　　 彼の犬はメスではない。
　　 b. His dog is not male.　　＞　　His dog is female.
　　　　彼の犬はオスではない。　　 彼の犬はメスだ。

オスであることはメスでないことを含意する。また、その反対も正しい。相補的反意語における含意は、二者択一の関係を成立させているのである。

相補的反意語とは異なる対立関係にあるものに**尺度的反意語**（scale antonym）というものがある。この反意語は対立する概念が二者択一の値ではなく程度の差を表す。例えば hot：cold の反意語の例がそれである。上で述べた相補的反意語では、どれほど male（オス）かと問うのは極めて不自然だが、尺度的反意語では、どれほど hot（熱い）かと問うのはまったく自然である。その他の尺度的反意語の例として次のようなものがある。

(11) short：tall, old：young, short：long, heavy：light
早い：遅い、高い：低い、強い：弱い、大きい：小さい

　また、尺度的反意語は、含意においても相補的反意語と違いが見られる。次の例に示すように、hot であることは cold でないことを含意する。しかし、(12b) のように、hot でないことは cold であることを含意しない。この点で (10) の含意関係とは異なる。

(12) a.　It is hot.　　＞　　It is not cold.
　　　　それは熱い。　　　　それは冷たくない。
　　 b.　It is not hot.　⪈　　It is cold.
　　　　それは熱くない。　　それは冷たい。

つまり、熱ければ、冷たくないことを含意するが、熱くないことが必ずしも冷たいことを含意しないのである。これはなぜだろうか。

　ここで「尺度」ということが意味を持つ。これらの反意語では程度の差を一定の尺度として表すことができると考えられる。例えば (12) の含意関係は、尺度を用いて次のように説明できる。hot と cold は (13) に示すような温度の尺度上の両極にあると考えられるが、尺度上には hot でも cold でもない中間部分 (下図の点線部分) がある。

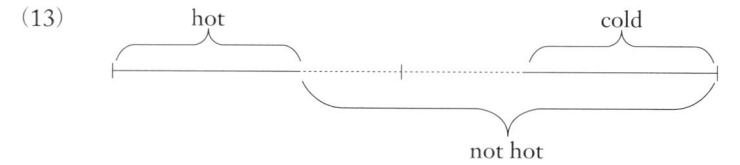

(13)　　　　　hot　　　　　　　　　　　cold

　　　　　　　　　　　　not hot

hot の否定 not hot は、この中間部分を含むことになるので、必ずしも cold が表す領域と一致しないのである (上図は Murphy (Further Reading を参照) のものを一部改変した)。

　もう 1 つ別の例で、「高い」と「低い」を比べてみよう。「高い」と言えば、「低くない」ことを含意する。しかし、反対に「高くない」といっても必ずしも「低い」ことにはならない。高くもなく、低くもない中間部分が存在するからである。

設問 3

次の語のペアがどのタイプの反意関係か考えてみよう。
(a) clean : dirty (b) feminine : musculine (c) full : empty
(d) 乾いた : 湿った (e) 明るい : 暗い (f) 有料 : 無料

[2.4] 同義関係

同義関係 (synonymy) は、同じ意味を持つ語という関係で、ことばの言い換えや、辞書の定義によく用いられるので、これまでの意味関係よりも一般に目につきやすい。ある辞書で funny という語を調べてみると、amusing, strange, dishonest などが意味として出てくる。また、amusing の項を見ると funny and entertaining と出てくる。つまり、ある部分ではこの 2 つの語は置き換えることができるので、同義語である。しかし、funny と amusing は完全に言い換えが可能なわけではない。次の例を比べてみよう。

(14) a. We enjoyed his funny stories.
(私たちは彼のおもしろい話を楽しく聞いた。)
b. We enjoyed his amusing stories.
(私たちは彼のおもしろい話を楽しく聞いた。)
c. I always have a funny stomach after eating egg.
(卵を食べるといつもお腹がおかしくなる。)
d. *I always have an amusing stomach after eating egg.
(卵を食べるといつもお腹がおかしくなる。)

(14c) を (14d) のように言い換えることができないので、両者は完全に同じ意味の語であるとは言えない。

日本語でも同じようなことが言える。「おかしい」という語は、「おもしろい」と言い換えることができるので、同義関係にあると見てもよい。

(15) a. 彼はいつもおかしい話をして皆を笑わせる。
b. 彼はいつもおもしろい話をして皆を笑わせる。

ところで、「おかしい」には、もう 1 つ「変な」と言い換えが可能な場

合があるので、この語とも同義関係があると考えられる。

(16) a. 今日は車の調子が少しおかしい。
　　　b. 今日は車の調子が少し変だ。

「おかしい」と「おもしろい」「変な」はそれぞれ同義関係で結ばれるが、一方で「おもしろい」と「変な」は同義ではない。「おもしろい話」と「変な話」は同じ意味にならないからである。つまり、「おかしい」は一方で「おもしろい」に、また一方で「変な」に対応する2つの意味を持つことになる。これは多義と呼ばれ、次の節で詳しく説明する。

3. 多義

[3.1] 同音異義と多義

前節でも少し触れたが、1つの語がしばしば異なる複数の意味を持つことがある。このような状況は主に2つの理由から生じる。1つは、まったく別の語が長い時間の経過とともに語形が変化して偶然同じ形を持つようになった場合、もう1つは、1つの語が関連する複数の意味を持つ場合である。前者を**同音異義**（homonymy）、後者を**多義**（polysemy）と呼ぶ。同音異義と多義がどのように違うか、具体的な例で見てみよう。

まず初めに同音異義語の例である。(17a)と(17b)の文はそれぞれ2通りの意味に解釈することができる。

(17) a. We went down to the bank yesterday.
　　　　私たちは昨日 {銀行 / 川岸} へ行った。
　　　b. She is wearing a light coat.
　　　　彼女は {軽い / 明るい色の} コートを着ている。

文が2通りに解釈できるのは、bank と light がそれぞれ2つの意味を持つからである。(17a)の bank が〈銀行〉と〈川岸〉という2つの意味を表すようになったのには次のような理由がある。語源をたどると、

bank は元々英語の祖先であるゲルマン祖語に〈傾斜地〉を表す語があったところに、〈両替商のテーブル〉を表すフランス語の banque あるいはイタリア語の banca という語が入り、その後、両者が同じ形に変化したため、現代では 1 つの語が 2 つの意味を持つことになったのである。同様に (17b) の light も、〈軽い〉と〈明るい〉の意味は、語源をたどると別々の語に行き着く。現代の英語ではこの 2 つはたまたま同じ語形であるが、英語と同じ祖先を持つドイツ語では歴史的変化の過程が異なるため、〈軽い〉は leicht、〈明るい〉は〈光〉を意味する Licht という語に対応し、別々の語として区別される。英語ではこれらが light という 1 つの形にまとまったわけである。つまり同音異義は同じ形をしていても、本来は別々の独立した語として扱うべきものである。

次に、多義のケースを考えてみよう。次の (18) と (19) にはそれぞれ (17) の例とは異なる意味の違いがある。

(18) a. She turned off the light of the room.
彼女は部屋の電気を消した。
b. Light came into the dark room from outside.
外から光が暗い部屋の中に差し込んだ。
(19) a. The store is next to the newly constructed bank.
店は新しく建った銀行の隣にある。
b. The bank raised its interest rates yesterday.
銀行は昨日利率を上げた。

(18) の light は、部屋の〈電気照明〉と外から入ってくる〈光〉を表しているが、一方は電気器具、他方は自然物と、異なるものを指している。また (19) は、bank が新しく建てられた〈建物〉を指す場合と利率を上げる〈金融機関〉を指す場合があることを示している。〈電気照明〉と〈光〉、〈建物〉と〈金融機関〉としての銀行にはそれぞれの意味に明らかな関連性が認められるので、同じ語が 2 つの意味を表すのは単なる偶然とは考えられない。意味に高い関連性が認められる場合、その語は多義語であると判断される。

一般の辞書では、同音異義語は異なる見出しに記載し、多義は 1 つ

の見出し語の中の独立した意味と記述することが多い。同音異義語のlight は多くの辞書で light$_1$〈軽い〉と light$_2$〈明るい〉のように見出し語を分けて載せている。これに対して、(18)の多義の方は、同じ見出し語の下に、1.光、2.照明と意味を分けて記載する（ただし、辞書の編集方針によって異なるので必ずしも一概にそうとは言えない場合もある）。

[3.2] 意味の自律性

前節では1つの語が複数の意味を持つことを述べたが、意味が複数あるということと、意味が曖昧であることは別である。意味が曖昧であるというのは、ある語の意味が使用される文脈において必ずしも1つに決められないようなものをいう。例えば、child という語は性の区別について曖昧であり、実際に男の子か女の子かは、文脈に照らして判断するしかない（もちろん、分からない場合も多い）。この点は、同音異義語である bank が実際の文の中ではどちらか一方の意味しか持たないことと対照的である。次の例を比べてみるとその違いが明確になるだろう（(20a) は Cruse (Further Reading 参照) より）。

(20) a. Kate has a child; so does Jane.
　　　　ケイトには子供がいる。ジェーンもそうだ。
　　b. Kate went to the bank; so did Jane.
　　　　ケイトは {銀行 / 川岸} に行った。ジェーンもそうした。

(20a) は Kate には子供が一人いて、Jane にもまた同じく子供が一人いるという文であるが、Kate の子供が男か女かということは分からないので、Jane の子供の性別も判断することはできない。つまり、どちらでもよい。この場合、Kate の子が男で、Jane の子が女というように、異なる性であるということはありうる。しかし、このような曖昧さは (20b) にはない。この文では Kate の行った bank が〈銀行〉であれば、Jane の行った bank も〈銀行〉であるという解釈でなければならない。前半の bank が〈川岸〉を意味すれば、後半の bank も同じ意味を表す。Kate が行ったのが〈銀行〉で、Jane の行ったのが〈川岸〉であるという

解釈は決して起こらないのである。

　同様のことを多義語についても考えてみよう。前節で見たように「おかしい」という語は「おもしろい」と「変な」という語と同義関係にあるので多義語と考えられる。では、この「おかしい」という語は曖昧だろうか。いや、そうとは考えられない。というのは、この2つの語はそれぞれ異なる語と意味関係を持つからである。例えば反意語を考えてみよう。次に挙げるように、「おもしろい」と「変な」の反意語となる語は異なるのである。

　　(21) おかしい　a.　おもしろい：つまらない
　　　　　　　　　b.　変な：まともな

ということは、「おもしろい」と「変な」はそれぞれ自立した意味を持つと考えられるので、「おかしい」の2つの意味は曖昧なのではなく、多義なのだと考えられる。

> **設問 4**
>
> 　次の語のペアが同音異義語か多義語かの区別をしてみよう。特に意味の関連性について考えてみよう。
> 　(a)　mouth〈口〉：mouth〈洞窟などの入口〉
> 　(b)　club〈クラブ〉：club〈ゴルフの道具〉
> 　(c)　くるま〈車輪〉：くるま〈自動車〉
> 　(d)　かね〈金〉：かね〈鐘〉

4. 名詞の意味：可算と不可算

　英語の名詞に、可算（数えられるもの）と不可算（数えられないもの）の区別があるという事実は、日本人学習者にとって最初にぶつかる英語の壁であろう。以下では、これまで見てきた語彙意味論の方法、すなわち語彙分解を用いて可算名詞と不可算名詞をどのように理解すればよいかを考えてみる。

学校文法では一般に英語の名詞が次の5種類に分けられると教える。

(22) a. 普通名詞　具体的な物（book, dog, boy, car, computer）
　　 b. 抽象名詞　行為、概念、知識など（advice, love, science）
　　 c. 物質名詞　気体、液体、材料など（water, air, gold, wood）
　　 d. 集合名詞　人や物の集合体（family, audience, cattle）
　　 e. 固有名詞　人や物の名前など（Obama, UNIQLO, Paris）

このうち、普通名詞と集合名詞は可算名詞であり、抽象名詞と物質名詞は不可算名詞であると理解するのが基本であるとされる。なお、固有名詞は事物の名称なのでここでの可算・不可算の問題からは除いておく。

さて、英語の名詞はなぜこのように分類されるのだろうか。また、なぜ普通名詞と集合名詞が可算なのだろうか。抽象名詞や物質名詞が不可算であるというのは正しいのだろうか。

これらの疑問を考える前に、可算名詞と不可算名詞の違いを確かめておこう。例えばbookは普通名詞で可算、waterは物質名詞で不可算であるが、(23)のように可算名詞には単数・複数の区別があり、数量詞にmanyを用いるのに対し、不可算名詞は(24)のように単数と複数の区別がなく、また数量詞もmuchを用いるという違いがある。

(23) a. There {is a book/are some books} on the table.
　　 b. How many books did you read last year?
(24) a. There {is water/is some water} in the jar.
　　 b. How much water did you drink yesterday?

では、最も基本的なところで、bookとwaterが意味的にどう違うのかを考えてみよう。可算名詞の表す意味で一番重要なのは、ある物を思い浮かべたとき、話者の頭の中に一定の形や輪郭を描くことができるかどうかということである。bookという名詞は話者の頭の中に具体的な形を想起させる。一方、物質名詞のwaterには、（液体であるので当然のことだが）一定の形というものがない。これを図で示すと次のようになる。

(25)

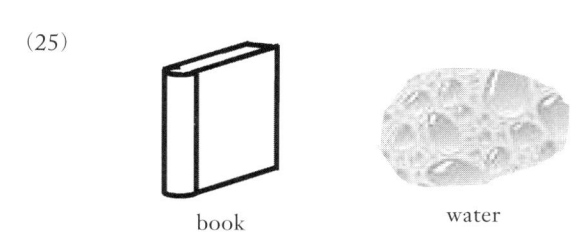

　　　　book　　　　　　water

　この特徴を語彙的な意味成分として捉えることを考えてみよう。一定の形が描けるかどうかというのは、つまりその物を他と区別するための輪郭があるかどうかと見ることができる。そこで、可算名詞のbookには［+bounded（輪郭を持つ）］という意味特性が与えられると考える。これに対して、物質名詞のwaterは一定の輪郭を描くことができないので［-bounded（輪郭を持たない）］ということになる。

　物質名詞は具体物を表すがその形が一定でないので［-bounded］という意味成分を持つ。また、抽象名詞も形のないものを表すので、当然のことながら［-bounded］と考えられる。例えばadvice（忠告）やlove（愛）やexperience（経験）のような抽象物に形があるとは考えられない。つまり、一定の形の有無が可算・不可算を分ける根本的な原則となる。

　この［±bounded］という成分をもう少し考えてみよう。可算名詞は単数では［+bounded］である。しかし、これがいくつか集まって複数になると［-bounded］として表される。というのは、1つひとつの可算名詞には具体的な形があっても、それが集まった集合自体には決まった形が想定できないからである。この性質は上で見た物質名詞と同じである。これを図で見てみよう。

(26)

　個体（普通名詞）　　個体の複数　　　物質名詞
　　［+bounded］　　　［-bounded］　　［-bounded］

個体の集合であるbooksと物質名詞が同じ意味的性質を持つことは、次のような事実によって確かめることができる。(27a, b)に示すよう

に、物質名詞 water と個体の複数 books は「床いっぱいに広がった」という状況を表すことができる。しかし (27c) に見るように、可算名詞の単数形 a book はそのような状況を表現することはできない (* は非文であることを示す)。

(27) a. There was water all over the floor.
　　 b. There were books all over the floor.
　　 c. *There was a book all over the floor.

book はそれ 1 つでは定まった形を持つが、book の複数 books は、積み上げられたものであれ、本棚に並べられたものであれ、あるいは床に散らばったものであれ一定の形を持たないので [-bounded] と考えられる。

　次に集合名詞とは何かを考えてみよう。集合名詞は、そのままでは [-bounded] という性質を持つ個体の集合に、[+bounded] という意味成分を与えたものである。つまり、図式的には以下のように示される。

(28)

個体の複数 [-bounded]　　　集合名詞 [+bounded]

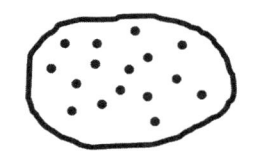

集合名詞は、その名の通り個体の集まったものなので複数として表現することもあるが、ひとまとまりの単位として [+bounded] という意味成分を持ち単数として表現することもある。例えば、次のような例である。

(29) a. He has a large family.　（単数扱い）
　　 b. His family are all well.　（複数扱い）

このような集合名詞には他に committee, class, crowd, people, nation などがある。

　また、[+bounded] という性質を持つ集合名詞は、個体と同様に可算名詞なので、families や committees のように集合体の複数を表現する

こともできる。集合名詞の複数は次の図のようにいくつかのグループを表す。

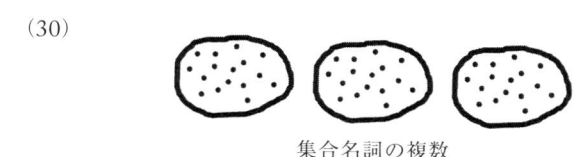

(30)

集合名詞の複数

ところで、話が少し複雑になるのだが、集合名詞がすべて (29) で見たような単数扱いと複数扱いの両方になるわけではない。次の (31) に示すように family は単数扱いと複数扱いの両方が可能で、かつ複数化 (families) することもできる。しかし、furniture はいつも単数扱い、cattle は反対にいつも複数扱いである。また両者とも複数化はできない。

(31) a.　単数扱い (X is...)　　family　　furniture　　*cattle
　　　b.　複数扱い (X are...)　family　　*furniture　　cattle
　　　c.　複数化 (Xs are...)　families　*furnitures　*cattles

このように集合名詞の単複は個々の名詞の問題として扱わなければならない場合もある。

次に、複数名詞と物質名詞の異なる点を見てみよう。複数名詞と物質名詞は [-bounded] という点で共通すると述べたが、その内部は異なっている。複数名詞は構成要素が 1 つひとつ独立しているのに対し、物質名詞にはそのような独立した複数の要素といったものを想定することができない。そこで、この違いをもう 1 つの意味特性 [±internal structure (内部構成を持つ)] というものを立てて捉えることにする。複数名詞は [+internal structure]、物質名詞は [-internal structure] と考える。

(32)

複数名詞 [+internal structure]　　　物質名詞 [-internal structure]

(28)で見たように、集合名詞は個体の複数と同様［+internal structure］であり、（26）のように単数の可算名詞は［-internal structure］である。
　ここまで述べた［±bounded］［±internal structure］という意味成分を用いて名詞の分類を改めて見てみると次のようになる。

(33)

	［+internal structure］	［-internal structure］
［+bounded］	集合名詞　family	普通名詞（個体）　book
［-bounded］	個体の複数　books 集合名詞の複数　families	物質名詞　water 抽象名詞　love

以上のように、意味成分に還元することによって、可算・不可算の区別を、単なる分類ではなく、一般性のある原理から説明することができる。
　実は、可算名詞と不可算名詞の区別にはさらに重要な問題がある。それは、可算と不可算は実際の文脈においてしばしば交替するという事実である。しかし、個々の名詞の語彙情報としてではなく、上述のように可算・不可算の区別を意味成分として捉えることにより、可算・不可算の交替現象についても説明が容易になる。次にこの点を見てみよう。
　この交替の１つは、次に挙げる例のように、［-bounded］という意味成分を［+bounded］に付け替えることによって、抽象名詞を形のあるもの（普通名詞）に変更するというものである。

(34)　抽象名詞［-bounded］　⇔　普通名詞［+bounded］
　　　love（愛）　　　　　　　a love（愛する人）
　　　beauty（美しさ）　　　　a beauty（美人）
　　　experience（経験）　　　experiences（体験した事柄）

同様に物質名詞も、それを容器に入れたり、それを材料とする製品にすると具体的な形が与えられ、普通名詞（可算）として扱われる。

(35)　物質名詞［-bounded］　⇔　普通名詞［+bounded］
　　　coffee（コーヒー）　　　a coffee（一杯のコーヒー）
　　　paper（紙）　　　　　　a paper（新聞一部）

また料理の材料は、カットされて鍋に入れられると様々な形に変化するので、一定の形を持たないことから物質名詞［-bounded］に変わる。

(36) 普通名詞［+bounded］　⇔　物質名詞［-bounded］
　　　a chicken（ニワトリ）　　chicken（鶏肉）
　　　a carrot（人参1本）　　　carrot（調理された人参）

このようなものの中には、cow［+bounded］/beef［-bounded］, pig［+bounded］/pork［-bounded］のように［±bounded］によって名詞自体を変えるものもある。このように、交替現象は、［±bounded］の意味成分を付け替えることによって起こると考えることができる。

> **設問 5**
>
> 次の名詞を［±bounded］［±internal structure］の意味成分を用いて分析し、可算・不可算について考えてみよう。辞書で可算と不可算の区別を調べ、それぞれの用例の意味の違いを見てみよう。
> (a) potato　(b) tea　(c) committee　(d) beauty　(e) oranges

5. 動詞の意味

語彙意味論では、動詞の意味を分析する重要な観点として、①**意味役割**（semantic role）、②**語彙概念構造**（lexical conceptual structure）、③**アスペクト**（aspect）の3つがある。以下の節ではそれぞれの分析の仕方を順に説明し、動詞の意味がどのように考えられているかを見ていくことにする。

[5.1] 意味役割

動詞は文の中核として主語、目的語、補語と結びついて、人や物の**状態**（state）や**出来事**（event）などを表す。逆にいうと、動詞の意味はそのような要素がなければ完全に伝えることはできない。下の例で、主語、目的語、補語を省略した（b）の文は、（a）の文に対して不完全な印象を

受ける。文頭の*は、その文が非文であることを表す。

(37) a. Lionel Messi is on the pitch.
b. *Lionel Messi is.
(38) a. Lionel Messi kicked the ball.
b. *Lionel Messi kicked.
(39) a. Lionel Messi exercises everyday.
b. *Exercises everyday.

動詞の意味が成立するために必ず必要な要素を、**項**（argument）という。項は一般的に主語や目的語、そして一部の前置詞句となって現れる（(37a) の on the pitch は be の項である）。重要なことは、項は動詞が選択する要素であるということである。動詞が選択する要素は省略されない。(37) では be 動詞が前置詞句 on the pitch を選択するので省略することができない。また、(38) では kick が目的語を選択するので省略できない。(39) は exercise の主語が省略できないことを示しているが、主語はどの動詞にとっても項であるので省略できないのである。

(37) に示した前置詞句の on the pitch は be 動詞の項なので省略することはできないが、下の (40) では同じ前置詞句が、kick にとっては項ではないので省略することができる。下例で（ ）で囲んだ要素はあってもなくてもよいということを表している。

(40) Lionel Messi kicked the ball (on the pitch).
リオネル・メッシがピッチでボールを蹴った。

つまり、kick は主語と目的語に当たる項を選択するが、前置詞句の on the pitch は選択しないということである。動詞に選択されない要素を**付加詞**（adjunct）という。同じ前置詞句でも on the pitch は be に対しては項であるが、kick には選択されないので kick に対しては付加詞である。

項が動詞によって選択されるということは、動詞の意味によってどのような項をとるかが決まっているということである。だとすれば、項の意味を明示すれば動詞の意味を表すことが可能である。項の表す

意味を**意味役割**（semantic role）という。意味役割には次のような種類があり、動詞の意味は意味役割の組み合わせによって表すことができる。

(41) 動作主（Agent）　　行為を行う人、他の対象に働きかけるもの
　　 対象（Theme）　　　ある状態にあるもの、移動の主体となったり、変化の影響を被るもの
　　 場所（Location）　　物の存在したり行為が行われる場所
　　 起点（Source）　　　物の移動の始点
　　 着点（Goal）　　　　物の移動の終点

動詞ごとにこれらがどのように組み合わされているかを次に見てみよう。

(42) a.　The statue stood beside the fountain.
　　　　　　対象　　　　　　　場所
　　　　　その像は噴水の脇に立っていた。
　　 b.　Messi kicked the ball.
　　　　　動作主　　　対象
　　　　　メッシがボールを蹴った。
　　 c.　Marvin traveled from Boston to San Francisco.
　　　　　動作主/対象　　　起点　　　　　着点
　　　　　マービンがボストンからサンフランシスコまで旅行した。

(42a)は主語が対象の役割を持ち、それが位置する場所が前置詞句によって表されている。その2つの意味役割はstand（立つ）という動詞が項に与えるものである。(42b)では、kickという動詞が主語に動作主、目的語に動作の対象という役割を与える。(42c)では、travel（旅行する）という行為の主体として主語に動作主という役割が振られ、さらにその動詞が移動を表すので、移動するものとしての対象という役割も持つ。対象の役割を持つものは、起点から着点に向かって移動するが、これらはそれぞれ前置詞句によって表される。

　このように意味役割の組み合わせは、動詞によって決まっている。そこで、動詞が特定の意味役割に関する情報を持つと仮定し、これを**項構造**（argument structure）と呼ぶ。(42)の動詞は次のような項構造を持つと考えられる。

(43) a. stand 〈対象 , 場所〉
   b. kick 〈動作主 , 対象〉
   c. travel 〈動作主 / 対象 , 起点 , 着点〉

動詞の意味を項構造として捉える利点は主に2つある。1つは、同じ項構造を指定する動詞が類似の意味を持つことが予測できることである。例えば(43a)の〈対象 , 場所〉という項構造は、物の存在場所や位置を表す動詞が共通して持つ項構造である。もう1つの利点は(こちらの方が重要であるが)、1つの動詞が異なる項の表現パターンを持つことを説明できることである。これを**項の交替**(argument alternation)という。例えば、(44)に示すように、break は自動詞用法と他動詞用法の両方を持つ。

(44) a. Ryan broke the window. （ライアンは窓を壊した。）
   b. The window broke. （窓が壊れた。）

これは、break という動詞が自動詞と他動詞で異なる項構造を持つと考えることによって説明される。(44)の項の対応関係をよく見ると、(44a)の他動詞の目的語に当たる項が、(44b)では自動詞の主語に当たる項に対応していることが分かる。自他交替を項構造を用いて表すと次のようになる。

(45) break： 〈(動作主), 対象〉
   他動詞　　　主語　　目的語
   自動詞　　　　　　　主語

このように項構造を仮定すると、自他交替を意味的なレベルで捉えることができるのである。

設問 6

(43)を参考にして次の動詞の項構造を考えてみよう。日本語の動詞とも比べてみよう。

(a) hit　　(b) sit　　(c) arrive　(d) leave　(e) put
(f) たたく　(g) 座る　(h) 着く　　(i) 発つ　　(j) 置く

[5.2] 語彙概念構造

先に 1 節で、(46)(=2) に挙げた動詞が共通して「移動」を意味する動詞であることを見た。

(46) a. Eric rode a bike to the park.
b. Marvin swam across the river.
c. John ran through the building.

また、「移動」に加えて、動詞には「移動の仕方（様態）」、前置詞句には「経路」が表現されているので、語彙分解によって (47) のように表すことができると述べた。

(47)[GO+MANNER PATH]

この意味成分はそれぞれの動詞の意味の、いわば骨組みのようなものと考えることができる。

この構造は**語彙概念構造**(lexical conceptual structure) と呼ばれ、動詞の意味を表す方法として多くの分析が採用している。もう少し詳しく述べると、(47) の骨組み構造で (46a) を表すと次のようになる。

(48)[$_{Event}$ [X] GO+MANNER/riding a bike [$_{Path}$ TO [$_{Place}$ Y]]]

(48) 全体は [$_{Event}$ ...] と表示され、出来事を表すことを示す。また、X と Y は前節で述べた項に相当し、適切な名詞句と結びついて (46a) のような文を形成する。また、GO+MANNER/riding a bike の部分は、「自転車に乗るという方法で移動する」という意味を表していて、これが (46a) の中心的な意味となっている。最後に、[$_{Path}$ ...] は経路である。

語彙分解によって動詞の意味成分をこのように捉えることの利点は 2 つある。1 つは、同じ出来事が言語によって異なる方法で表現されることを明確にすることができることである。これは次のような日本語の表現と比べてみるとよく分かる。日本語で (46) の英文と同じことを言おうとすると、意味成分 GO を表すために「行く」「渡る」「抜ける」という動詞が必要となり、同時に、MANNER を表すためには波線部のような表現が必要となる。

(49) a. エリックは公園に自転車で行った。

b. マービンは川を泳いで渡った。
　　　c. ジョンは建物の中を走り抜けた。

つまり、日本語では英語と違って、「行く」「渡る」「抜ける」などの移動動詞と「自転車で」「泳いで」「走って（走り）」のような様態表現を分けなければならないのである。実はこの違いは日英語の重要な差異と考えられているが、語彙概念構造によってこのような言語間の差異を明示的にすることが可能となる。

　語彙概念構造のもう 1 つの利点は、空間移動以外にも、次に挙げる「物の譲渡（所有の移動）」や「状態変化」などを同じ語彙概念構造で捉えることができることである。次の例は、空間移動を表す（46）と同様に、それぞれ go を用いた文を含意すると考えられる。

　(50) a.　Maria bought an old car from Jonathan.　譲渡（所有移動）
　　　　　マリアはジョナサンから古い車を買った。
　　　　　> An old car went from Jonathan to Maria.
　　　　　　古い車（の所有権）がジョナサンからマリアに移った。
　　　b.　The witch changed the prince into a toad.　状態変化
　　　　　魔女が王子をカエルに変えた。
　　　　　> The prince went to being a toad.
　　　　　　王子がカエルになった（カエルである状態に移行した）。

つまり、「空間移動」という意味領域の概念が、「譲渡（所有移動）」や「状態変化」にまで適用できることを示している。とすれば、この［GO PATH］を、空間移動の動詞だけでなく特定の動詞の意味に限らず、もっと広い意味領域に共通する基本的意味構造と見なしてもよいだろう。別の見方をすれば、私たちは、所有移動や状態変化のような概念を、物の移動という具体的な概念に基づいて捉えているとも言える。

　では、「譲渡（所有移動）」や「状態変化」を空間移動と同じ語彙概念構造で表してみよう。そのためには、もう 1 つ別の意味成分を加える必要がある。それは、出来事を引き起こす原因を表す意味成分である。これを次のように表す。

(51) [$_{Event}$ [X] CAUSE [$_{Event}$ Y]]

(51) の CAUSE は、X が Y という出来事の原因となる、Y という出来事を引き起こすという意味である。この Y の部分に先の [GO PATH] を入れることによって、(50) の文を次のように表すことができる。

(52) a. Maria bought an old car from Jonathan. (=50a)
b. [$_{Event}$ [X] CAUSE [[Y] GO [$_{Path}$ FROM [Z] TO [X]]]]
(53) a. The witch changed the prince into a toad. (=50b)
b. [$_{Event}$ [X] CAUSE [[Y] GO [$_{Path}$ INTO [Z]]]]

このように所有移動と状態変化を捉えることで、(50) で述べた「移動」の含意を意味の表示に明確に表すことが可能となる。

設問 7

(48)(52)(53) を参考にして、次に挙げる動詞の語彙概念構造を考えてみよう。

(a) Matilda waltzed into the room.
(b) The rabbits destroyed our garden.
(c) She rolled the ball down the hill.
(d) My mother gave me a birthday present.

[5.3] アスペクト

最後に、動詞の語彙的意味を**アスペクト**（aspect）の観点から見てみよう。アスペクトとは、動詞の表す状態や出来事が時間軸に沿ってどのように展開するかを異なる観点から見る見方である。これを理解するために、例えばビデオのコマ送りのようなものを想像してみるとよい。静止したものはコマ送りにしてもコマごとの場面変化はない。しかし、動くものや変化するもの、例えばコップが床に落ちて割れるシーンなどは、コマごとに違った場面が映るはずである。これと同様に、動詞の表す状態や出来事を時間軸に沿った場面展開に分解し、どのような展開をするかという観点から分類したものがアスペクトという見方で

ある。

　研究者によって様々な区別の方法が提案されているが、最も一般的なアスペクトの分類は (54) に挙げる 3 つの意味成分によって、動詞の表すアスペクトを (55) に挙げる 4 種類に分けるやり方である。なお、(54) の意味成分はすべて相補的な対立である。

(54) a. ［±dynamic］：動的 (dynamic) / 静的 (static)
　　 b. ［±punctual］：瞬間的 (punctual) / 継続的 (durative)
　　 c. ［±telic］：完結的 (telic) / 非完結的 (atelic)

この意味成分を組み合わせることで、動詞の意味を次の 4 つに分類する。

(55)

	dynamic	punctual	telic
a. 状態 (State)：	−	−	−
b. 活動 (Activity)：	+	−	−
c. 達成 (Accomplishment)：	+	−	+
d. 到達 (Achievement)：	+	+	+

それぞれについて簡単に説明すると、まず、状態は、時間が経過しても動きや変化のない静的な状況である。次に、活動は状態と異なり動的で (［+dynamic］) かつ継続的な (［-punctual］) 状況であるが、時間の経過に伴う変化はない (［-telic］)。つまり同じ動作を一定時間行うようなものが活動と呼ばれる。これに対して達成と到達は、活動と同じく動的な状況であるが、活動と異なるのは、場面に変化があり、最終局面で完結する (［+telic］) 点である。変化の仕方によって、瞬間的に変化するもの (［+punctual］) を到達、一定の時間をかけて変化し完結に至るもの (［-punctual］) を達成として区別する。それぞれ典型的な例として次のような動詞がある。

(56) a. Marvin resembled his mother.　　状態 (State)
　　 b. Marvin walked.　　　　　　　　　活動 (Activity)
　　 c. Marvin built a house.　　　　　　 達成 (Accomplishment)
　　 d. Marvin arrived.　　　　　　　　　到達 (Achievement)

　状態以外のアスペクトでは、行為や動作が一定の期間に終了するか

どうかの区別、すなわち**完結性**（telicity）が重要であると考えられている。この点を動詞 walk と build で考える。まず、(57) の walk を見てみよう。

(57) a.　Mary walked for an hour.
　　 b. *Mary walked in an hour.

walk は歩くという動作を表すので、(55b) の活動動詞と考えられる。動詞の意味自体には特定の終了点のようなものは含意されていない。したがって、時間を表す副詞のうち、継続的な時間副詞 for an hour〈1時間（の間）〉とは共起するが、限定的な副詞 in an hour〈1時間で〉とは共起しない。一方、それと反対に build の方は (55c) の達成動詞なので、継続的な時間副詞とは共起せず、限定的な時間副詞と共起する。

(58) a. *Mary built a chair for an hour.
　　 b.　Mary built a chair in an hour.

これは、椅子を作るという行為は椅子が完成した時点で終了するため、始めから終了点が含意されているからである。

　ところで、4節で名詞について議論した際、可算名詞と不可算名詞を [±bounded]、すなわち「輪郭の有無」という意味成分で区別することを説明した。実はこの区別は、一見無関係と思われる動詞のアスペクトにおいて重要な意味を持っているのである。上で述べた完結・非完結のアスペクトは、名詞の種類によって影響を受ける。次の例を見てみよう。

(59) a.　Mary ate an apple {*for hours/in an hour}.
　　 b.　Mary ate apples {for hours/ *in an hour}.
　　 c.　Mary ate custard {for hours/ *in an hour}.

時間副詞との共起関係で分かることだが、(59a) ate an apple という表現は完結的、つまり達成の状況を表している。そのため時間副詞は限定的なものが共起する。ところが、同じ動詞であっても、個体の複数である apples や物質名詞 custard では状況は完結的ではなく、継続的な活動として捉えられる。そのため時間副詞は限定的なものが排除さ

れる。

　このように名詞の単複や種類によって、動詞のアスペクトの解釈に違いが生じるわけだが、すでに (26) で見たように、(59) の名詞は次のような性質を持っている (次の図は (26) と同じ)。

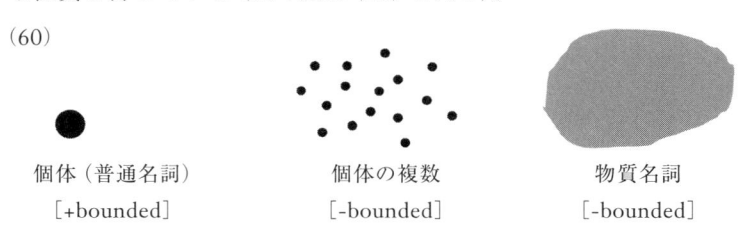

(60)

個体 (普通名詞)	個体の複数	物質名詞
[+bounded]	[-bounded]	[-bounded]

つまり、目的語が [+bounded] であれば完結的、[-bounded] であれば非完結的となるのである。名詞の「輪郭」が動詞の表す出来事の時間を区切っていることになる。これも意味成分によって初めて説明することができるのである。

　動詞の意味として考えられたアスペクトの種類が名詞の意味成分に左右されて変わるということは、アスペクトを決定する要因が単に動詞の意味だけではなく、他の要因も働く複雑なものであることを示唆している。本章でこれ以上の説明はできないが、重要なのは、語彙的な意味に加えて、文レベルの合成的なプロセスが働くことを理解しておくことであろう。

Further Reading

» **Cruse, Alan** (2011) *Meaning in Language: An Introduction to Semantics and Pragmatics* (Oxford University Press)
片岡宏二 (訳) (2012)『言語における意味』(東京電機大学出版局)
　語彙意味論を中心にした意味論全般について分かりやすい解説が展開されている入門書。分量がやや多いがじっくり読み進めると必ず理解できる。翻訳もあるので、こちらを参考にしてもよい。

» Murphy, Lynne (2010) *Lexical Meaning* (Cambridge University Press)

上掲書とはまた違った角度から語彙意味論の諸問題を取り上げているので、比べながら読むとおもしろい。意味関係の話から名詞、動詞の意味論まで網羅している。こちらも英語だが、平易に書かれているので読みやすい。

» 影山太郎（編）(2001, 2009, 2011)『動詞の意味と構文』、『形容詞・副詞の意味と構文』、『名詞の意味と構文』(大修館書店)

各巻が動詞、形容詞・副詞、名詞の意味と関連する構文の問題を詳細に取り上げている。本書で扱ったトピックはほぼカバーされているので、より深く知りたい人は興味のある部分を読んでみるとよい。

» 久野暲・高見健一（2009)『謎解きの英文法　単数か複数か』(くろしお出版)

名詞の可算・不可算について多様な例を挙げて分かりやすく解説している。日本人学習者が陥りやすい間違いにも触れていて、役に立つ知識が身につく。

» 小野尚之（2005)『生成語彙意味論』(くろしお出版)

多義性を中心に語彙意味論の理論を展開した研究書。日英語の対照研究としても読める。上に挙げた入門書で基本的な考え方を理解しておけば、それほど難しくはない。

第6章
認知意味論

杉本孝司

1. 認知言語学

認知意味論(Cognitive Semantics)とは**認知言語学**(Cognitive Linguistics)における意味論(semantics)のことを言う。この章は英語や日本語の意味現象を中心に認知意味論の考え方に親しむことをねらいとしている。本章で言う**認知**(cognition)とは次のことを指す。

(1) 人や動物が何らかの対象についての知識を得ること；その知識は単に五感によるもののみならず、運動感覚、平衡感覚、身体内部からもたらされる情報（心臓の動悸、頭痛、目まい、その他）などおよそ知覚の対象となるものすべてに関する情報に関わること。またこれらの情報に加えて、学習、記憶、推論、判断などの機能も含み、外界の情報を収集・処理・概念化する過程も含む。

つまり認知とは身体と精神の両方に深く関わる情報とその処理や蓄積過程のことだと理解できる。このことが意味論にとって何を意味するかは以下を読み進めていく過程で徐々に明らかになると思う。具体的な言語例を扱う前に、この認知ということに関して人間と他の生物とを比較しながら「意味を理解する」ということについて少し考えてみよう。

人間は何かの存在やその距離情報を直接的に得る場合、聴覚や触覚による場合もあるが、普通は視覚情報を用いる。例えば遠くに立つ1本の木や近くにある1つのベンチなど、見ればすぐにその存在やおよその距離が理解できる。逆に言えば見えないものの存在や距離は分からない。人間はそういう形で自分たちにとって意味のある物体の存在や位置情報を手早く得ることができる。しかしイルカやコウモリはこのような視覚に頼る方法ではなく反響定位という方法を用いる。自らが発した音がエコーバックされて両耳に到達する強さや時間差などを利用して、他の生物の存在を確認し、その大きさや距離、さらには種類までをも同定できるという。こうして「見る」ことがイルカやコウモリにとって意味のある情報となっている。

また人間の場合、いくら目を凝らしても何匹も飛び交うモンシロチョウの中にオスとメスを見分けることはできないだろう。ところがモンシロチョウの求愛行動においてはオスがメスをいとも容易に見分けて追尾することが知られている。実は人間でも紫外線を通して見るとメスの羽は白く、オスの羽は黒っぽく見える。どうやらモンシロチョウは何らかの意味での「紫外線センサー」機能を持っているらしい。つまりモンシロチョウにはこの紫外線を通した世界が「現実」として「見えて」いる。しかし人間は「紫外線センサー」機能を持たず、モンシロチョウとは異なる現実を見るのみである。

　このようにイルカやコウモリやモンシロチョウが「見る」ことにより得ている外界の理解は、人間が見ることにより得ているものとは大幅に異なると思われる。もちろんイルカやコウモリやモンシロチョウの気持ちは知りようもない。しかしこれと同じ論法を他の生物、例えばカエル、バッタ、蟻などが「見る」ことにより捉えている世界を考えてみれば、自ずと明らかになることがある。つまり外界の世界の理解様式は生物により異なるということである。外界を理解するということは、外界からの情報をその生物特有の方法で取り込むことである。つまりその生物特有の情報の処理・加工が行われることである。人間、イルカ、コウモリ、モンシロチョウ、カエル、バッタ、蟻、等々、生物の種類は多種多様である。ありとあらゆる生物がそれぞれに意味のある情報をそれぞれの方法で取り込み利用していると考えられる。まさに生物の世界では多種多様の情報の捉え方とその意味理解のあり方（これらを総合して認知様式と呼ぶことができる）が花開いている。

　このような観点から捉え直せば、認知意味論とは、人間が人間特有の認知様式に基づいて捉え理解する内容がどのように言語に反映されているのかを明らかにしようとする分野であると言える。認知意味論は人間の言語に普遍的に観察できる意味特徴を明らかにしようとする。加えて認知意味論は文化や歴史や自然環境など言語圏により異なる要因がどのように言語の意味理解や概念化に反映されているのかという

ことも明らかにしようとする。いわば普遍的特徴と個別的特徴の両者の観点から言語の意味現象を説明しようとする、認知意味論とはそのような企てを持つ意味論であると言える。

2. カテゴリー化とプロトタイプ

　程度の差こそあれ、どの生物でも数々の「知識」や「判断」に基づき行動している。単細胞生物のアメーバでさえ近くにある物質を食物として体内に取り込んでよいかどうかを自ら決定している。その知識や判断を有することはアメーバにとっては死活問題だろう。自分たちの日常を振り返ってみても、例えば他人を見た場合、自分の知識と照合することにより家族ではないと判断して行動する。あるいは数字の3は偶数ではないと瞬時に判断を下せる。あるいはまたおそらく日本語の「顔をつぶす」場合の「顔」も「顔を洗う」場合の「顔」も同じ「顔」という語が持つ意味であると理解している。このとき「家族」「偶数」「顔」はそれぞれ父、母、兄、姉などの家族のメンバー、2, 4, 6などの数、「顔」の異なる複数の意味、についてそれぞれ1つのまとまりを構成している。この概念的まとまりのことを**カテゴリー** (category) という。また何らかの対象をあるカテゴリーに取り込み知識化することを**カテゴリー化** (categorization) という。またカテゴリーの要素を**成員** (member, メンバー) という。例えば「家族」というカテゴリーは自分自身や父、母、兄、姉などをその成員に持つ。また母の出産で自分にできた弟や妹は、家族の新しい成員としてカテゴリー化することになる。

　カテゴリー化の能力がなければどのような状況に直面することになるだろうか。それは複数の人やモノや意味の間に何の共通点や関連性も見いだせないことを意味する。経験したこと、新しく遭遇すること、そのいずれもが異なる別々のこととして理解され記憶に登録されることになるだろう。日常の様々な経験様式はすべて異なる経験と理解さ

れ過去の経験に照らし合わせて今ある状況を理解するなどといったことは一切不可能となり、人間としての社会生活やあるいは生命活動そのものまでもが破綻することになるかもしれない。このようにカテゴリー化という認知能力はそれほどまでに根本的で普遍的で重要なものであり、すべての生物の営みの根本部分を支えている能力であると言える。カテゴリー化の能力があるからこそ、我々は普通に生活が送れ、自分の周りに展開する状況の「意味」が理解できるとも言えよう。

　言語の意味を考える場合も、カテゴリー化に関連する認知能力が様々な形で観察できる。例えば次の日本語の例を見よう。

(2) 　a. 　書家、画家、作家、政治家
　　　b. 　作者、著者、走者、打者、研究者
　　　c. 　話し手、書き手、語り手、送り手、受け手

これらはすべて「何かをする人」に関係した表現であり、何らかの点で日本語母語話者は「〜家、〜者、〜手」に共通性を感じていることになる。この言語直感を支えているもの、それがカテゴリー化に関わる認知能力に支えられた意味理解の表れの1つであると言える。なぜならカテゴリー化の能力により何らかの共通性を捉えていない限り、このような言語直感は生まれてこないと考えられるからである。さらには日本語化した外来語でさえも同じように理解されていることもある。次の例を見よう。

(3) 　　バッター、ランナー、ドライバー、ボクサー

語末部分を借用語の英語接尾辞を用いて-ERとすれば、「〜家、〜者、〜手、-ER」の間に緩やかな関連性あるいは共通性を感じることができる。つまり「〜家、〜者、〜手、-ER」が表す概念は、相互に異なる特徴は当然あるものの、これらを1つのグループとして、つまり1つのカテゴリーとして扱える分析が必要であることを伺わせる。

　上に見た例は様々な語が類似した意味を持つ場合(**同義性**(synonymy))に関連するカテゴリー化の場合と言える。次に認知能力としてのカテゴリー化能力が顕著な形で言語の意味現象に関わっている例とし

て、1つの語が複数の意味を表す**多義性**（polysemy）と呼ばれる場合を見よう。この具体例として物体の位置情報や運動情報の処理と密接な関係がある、英語の前置詞 in が表す意味について観察してみたい。

位置関係を表す前置詞概念の習得は非常に重要であり、**言語習得**（language acquisition）のかなり早い時期からその学習が始まると考えられる。またこれら概念の習得の成否が生命活動の維持に直結する重要な問題であることは想像に難くない。しかし例えば IN 概念に対応する状況の有り様は様々である（大文字表記の IN は対応する小文字表記の英単語 in に対応する概念を表すものとする）。例えば、箱／円／庭の中、などその存在場所は立体／平面／囲い、など多種多様であり、これらの形状に応じた位置関係をいちいち異なる IN であるとすることはあまりにも記憶に負担がかかりすぎる。このような場合は記憶への負担回避などの観点から、そのすべてを1つの抽象的な位置関係として捉え一般化していると考えられる。このような多種多様の位置関係から抽出されたすべての場合に共通する位置関係概念は**イメージスキーマ**（image schema）と呼ばれる。例えば IN のイメージスキーマは次のように何らかの囲いの中に x が存在する位置関係として表すことができる。

(4)　　　　　　　　　　(x)

箱／円／庭の中、ではそれぞれの存在場所や形状は確かに違ってはいる。しかし英語では in を用いることにより、どの場合も IN 概念として共通に捉えられる。これは(4)に相当する何らかの抽象的イメージスキーマが支える理解様式の結果であると言えよう。つまり諸々の具体的な場所の違いを吸収する形で(4)に相当する抽象度の高い IN 概念が形成され、その結果として次のような前置詞 in の用法や意味理解が可能になっていると考えることができる。

(5)　a.　The ring is in the box.
　　　b.　The dot is in the circle.

c. The bird is in the garden.

このような一般的かつ柔軟なイメージスキーマ(4)の習得には、日常の多種多様の具体的経験が欠かせないと考えられている。つまり(4)は数々の具体的経験を土台にして習得される概念ということになる。この事情を指して(4)には**経験的基盤**(experiential basis)があるとされる。同時に(4)は in の理解様式として機能し、(5)のような様々な状況における位置関係に対して、IN 概念に基づく**認知的動機付け**(cognitive motivation)を与えるとされる。

このように、カテゴリー化という認知作用は in という単語の「1 つ」の意味習得だけをとってみても、非常に重要なものであることが分かる。それでは (5) と比べて次のような場合の in の理解は (4) と一致しているだろうか。

(6) a. the boy in the crowd
b. the key in the keyhole
c. the bird in a pear tree
d. the flowers in the vase

これらの位置関係を簡潔に述べれば、(a) 少年は人々の集まりのどこかに、(b) 鍵はその一部分だけが鍵穴の中に、(c) 小鳥はセイヨウナシの(幹の内部ではなく)生い茂る枝葉のどこかに、(d) 花は(その茎の一部分のみが)花瓶の中に、となる。いずれの場合も (4) のイメージスキーマで表される x 印と円の位置関係とはずれていることが分かる。しかし英語としてはその位置関係はどれも同じ in で表される。このとき、(4) のイメージスキーマとの関係で、どのような理解様式の動機付けがあって、それらが IN 概念として捉えられていると言えるだろうか。換言すれば英語ではなぜ (6) の句が表すそれぞれの位置関係を in という前置詞で表すのだろうか。英語の母語話者は IN 概念についてどのようなカテゴリー化を行っているのだろうか。認知言語学はこのような場合のカテゴリーのあり方を次のように説明する。

(7)　　カテゴリーはプロトタイプを中心として認知的動機付けにより拡張される。

ここでいう**プロトタイプ**（prototype）とは典型例や中心例のことを指す。例えば(6)の場合、(4)の理解様式がINのプロトタイプとして機能し、そのプロトタイプに依存する形で、そこから逸脱する典型的ではない(6)の場合でも、何らかの認知的動機付けにより、IN概念カテゴリーの成員になるとされる。

　プロトタイプを中心に拡張するカテゴリー化のあり方はかなり人間的な認知様式に基づくと思われる。例えば「鳥」のカテゴリーを例にとれば、そのプロトタイプはスズメやコマドリなどだろう。そしてそれほど典型的ではないまでも特に問題もなく鳥の成員であるものとしてオウムやフクロウなどが挙げられる。そしてかなり周辺的な鳥の成員としてはエミューやペンギンなどが挙げられるだろう。このような捉え方には大幅な個人差はあまりないものと思われる。

　プロトタイプとなる中心例を指して**よい例**（good example）、周辺例を指して**悪い例**（bad example）と呼び分けることがある。具体的なカテゴリー形成において、その中心例からどの程度の逸脱の範囲内であれば同一カテゴリーの成員として許容されるのだろうか。この問題に関しては様々な提案がこれまでになされている。普遍的な原理で説明できる場合もあれば言語固有の問題であることも多い。後者の場合は言語固有の要因（文化、歴史、環境など）の観点も用いてその動機付けを考察していくことになる。

　以上、語の意味に限っての話ではあるが、カテゴリー化が、同義性や多義性と関わっている様子を具体例を中心に見た。また多義性の場合、中心義がプロトタイプとして機能し、何らかの認知的動機付けに基づき、さらに意味拡張されることを見た。語の意味の習得も含めカテゴリー化は日々営まれる認知活動の1つである。プロトタイプに基づくカテゴリー化は語の多義性を初めとして言語の種々の側面に色濃く反映されている。

設問 1

　日本の若い女性が抱く「理想の結婚相手像」は高収入・高学歴・高身長の3要素を満たす男性であると言われることがある。これら3Kの「高」とは一体どの辺りを指すのだろうか。高ければ高いほどよいのだろうか。理想のパートナー像や周辺例について具体的に考えてみよう。

設問 2

　指にしている指輪のことは the ring on the finger と言うが、その指のことは the finger in the ring とは表現しない。前者の場合の on は the book on the table などの on とどのような意味的関連性があるのか、他の on の用法などとともに考えてみよう。また後者の表現が用いられる状況があるとしたらどのような状況が考えられるだろうか。

設問 3

　辞書の説明などを参考にして次の英文に見る out の多義性を、(a) の場合をプロトタイプとする意味拡張として説明してみよう。

(a) The cat is out of the house.
(b) The cat went out of the house.
(c) The syrup spread out.
(d) He reached out to grab it.
(e) The sun came out.
(f) The light went out.
(g) The baby conked out on the rear seat.

3. メトニミー

　語が指し示す対象物を**指示対象**（referent）という。多くの語は何らか

の指示対象を持ち、その対象物を**指示する**（refer to）。しかし必ずしもそうではない場合もある。以下のイタリックや下線部分の名詞に注意してみよう。

(8) a. She is just a pretty *face*.
b. We need a better *glove* at first base.
c. あそこの店は安い。
d. A新聞社は記者会見に来なかった。

それぞれの名詞は単独では「顔、グローブ、店、新聞社」だが、(8)の文内においては「美しい顔をした人、守備のうまい選手、店で売られる商品の価格、A新聞社の記者」を指示している。このように、ある表現の指示対象にずれが生じている場合を指して**メトニミー**（metonymy, 換喩）という。

メトニミーにも人間の認知様式と言語の関係が深く反映されている。メトニミーが用いられるのはある指示対象よりもその指示対象と何らかの意味で深く関連している別の何かが強く意識されるような場合と言える。もちろん「何らかの意味で深く関連している」とはどういう場合なのかということが明らかにならない限り、メトニミーを説明したことにはならない。例えば(8b)では、グローブよりもそのグローブを用いて守備をする選手の方に強く興味があることが伺えるし、(8c)では具体的な場所よりもそこで売られる商品の価格に関心があることは疑いようがない。このようにメトニミーの背後にある認知のパターンは「Aを指示する表現を用いて、（Aとは異なる）Bを指示する」ことであり、AとBを結びつける動機はその言語の使用者側にあることになる。英語の代表的なメトニミー関係としては、(8a, b)の他に次のようなものがある。

(9) a. 制御する人 ----▶ 制御される人や物
例 A mercedes rear-ended *me*.　私 ----▶ 私が運転する車
b. 組織 ----▶ 組織の責任者
例 *Exxon* has raised its prices again.　Exxon ----▶ Exxonの

　　　　　経営者
　　c.　場所 ---→ 組織
　　　　例 *Holly Wood* is in a panic.　ハリウッド ---→ ハリウッドの映画界

このようなメトニミーの現象は名詞に限らず、実は様々な形で頻繁に起こっている。例えば次の例を見よう。

（10）a.　We *summered* in Paris.
　　　b.　I came here *by bus*.

どこかで長期間夏を過ごすことに興味があれば(a)のようにその滞在期間を表す名詞としてのsummerが「夏を過ごす」という動詞として用いられる。このような名詞から動詞などへの**品詞転換**（conversion）もその背景にはメトニミーが絡んでいることも多い。また(b)の文は、例えば"How did you come here?"という質問に対しての返答として理解できるが、この場合、例えば「ここまでやって来るには実際には家を出てからバス停まで歩き、バスを降りた後も徒歩で目的地まで来た」状況においては、その一連の行動の一部分のみを取り上げた返答になっている。その意味でこれは部分で全体を表すメトニミーと言えるが、このような場合、一連の**イベント**（event, 出来事）の中で最も重要なイベント部分を用いるところから、**イベント・メトニミー**（event metonymy）と呼ばれることも多い。

メトニミーに関連して次の英文の解釈を考えてみよう。

（11）a.　John washed his *car*.
　　　b.　Mary fell and cut *herself*.

一般にこれらの文は「車の外側を洗った」「体の一部を怪我した」という理解に対応している。つまり英語の表現としては車やメアリー（herself）といった個体全体を指す表現を用いているが意図されているのはその一部分である。このように全体を指示する表現を用いながら、その一部分を意識させる場合、**活性化領域**（active zone）という用語が用いられることがある。全体で部分を指すメトニミーとも言えるが、こ

の逆の場合、つまり部分で全体を指す (8a) 型のメトニミーのことを伝統的に**提喩** (synechdoche) とすることから、その対概念としてよく用いられる。

> 設問 4
>
> 次のイタリックや下線部分が具体的に何を指すか、またその背景にはどのような認知的動機付けが考えられるか、メトニミーの観点から考えてみよう。
> (a) We need some good *heads* on the project.
> (b) The one after *9:09* has already left.
> (c) 東京へは新幹線で行きました。
> (d) 山田君は出席簿に載っていません。

4. 語の意味

[4.1] プロファイルとベース

　語が本来的に表しているとされる意味も、それほど話は単純ではない。例えばよく用いられる例の1つとして「斜辺」を取り上げよう。この語の意味を説明しようとする場合、斜辺のみを取り上げて説明したり図示したりすることはできない。少なくとも直角三角形という概念を導入した上で斜辺の説明や図示をすることになるだろう。つまり斜辺自体は1つの線分にすぎない。このような状況を考えた場合、一般的に語の意味というものは他の語や概念から独立した形で捉えることはできないことに気づく。例えば斜辺の場合、概念的には直角三角形に依存することによって初めてその意味を明らかにできる。このとき、語 (= 斜辺) が直接指示する部分の理解を下支えする不可欠の情報 (= 直角三角形) のことを**ベース** (base, 基底部) と言う。またベースに依存することによって語が直接指示している部分を**プロファイル** (profile) と呼ぶ。つまりベースといういわば背景情報をもとにして語の

直接の指示対象部分をプロファイルとして位置づけていることになる。この間の事情は次のように図示できる（太線はプロファイル部分を表す）。

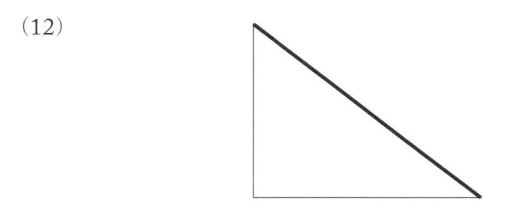

　　（12）

　全体よりもその一部分に注目するのは人間が持つ重要な認知傾向の1つである。斜辺の例に見る語の意味の成り立ちがこの認知傾向に合致していることは非常に興味深い。人間が全体との関係で特に何かに注目する場合、その部分は**際立ち**（prominence）を持つという言い方がされる。(12)の意味のあり方は、まさにこの際立ちを見て取る人間の認知傾向に動機付けされていると考えることができる。またそのような捉え方をすることが我々の通常の語の意味理解様式の1つであるとも言える。

[4.2] ICM
　さらに語の意味は、相互に関連する複数の概念が1つのまとまった意味領域を構成することによって理解されることも多い。このような複数概念から構成される1つの概念領域を指して**ICM**（Idealized Cognitive Model, 理想化認知モデル）と呼ぶ（同様の観点から**フレーム**（Frame）という用語もよく用いられる）。ICMとは母語話者が世界のありように関して持つ一般化を表すものであるとも言える。同時にそれは語の意味を理解するときに前提となる一般的な知識のことであるとも言える。例えば花嫁という概念は、花婿や結婚式、父、母、親戚、披露宴、新婚旅行などが相互依存的に構成する「結婚」のICM（フレーム）を前提としている。一般的に語はこのように何らかのICMとの関係で理解される場合が少なくない。またそのICMが原因となって、ある種の意味的逸脱性が生じる場合がある。例えば次の二文は少々座り

の悪い文であることが感じとれる。

(13) a.　This baby-boy is a bachelor.
　　 b.　The Pope is a bachelor.

この理由として bachelor は一夫一婦制で結婚適齢期に達している未婚の若い男性というものが想定できる社会をその ICM に持つので、この ICM を満たす限りにおいて bachelor であるかどうかを云々することは十分意味のあることと言える。しかしながら (13) の場合、(a) では生まれたばかりの男子の bachelorhood を、(b) では社会通念上結婚はしないことになっているローマ法王の bachelorhood が問題となっている。その限りにおいて一般的に想定される bachelor が持つ ICM からずれていることになる。そしてそのずれの程度に応じて文全体が不自然に感じられ、結果、(13) の bachelor の使用例は二文ともプロトタイプ的な使用例から逸脱した「悪い例」と感じられることになる。このようにプロトタイプとの関係で例の善し悪しが観察できる場合、そこに**プロトタイプ効果**（prototype effect）が生じているという。ここでのプロトタイプ効果は、明示的に現れた語そのものが原因というよりは、話者の理解様式の一部である ICM が引き金となって生じた効果であると言えよう。

　以上、単に語の意味と言っても、実際にはプロファイルとベースや ICM などの理解様式が深く関係しており、これらの理解様式の側面を無視しては語の意味を語ることができないことを見た。

設問 5

次の語のプロファイルとベースは何か考えてみよう。
　arc (of a circle), doorknob；手、蓋

設問 6

2つの英語の表現 on the land と on the ground は状況によってはまったく同じプロファイルを持つと言えることがある。しかしその

場合においても、それぞれが持つベースは異なる。どのようなベースの違いがあると言えるか考えてみよう。

設問 7

次の語や表現は何をその ICM としているか考えてみよう。
graduation, headlights；サヨナラホームラン、被告人

5. 抽象概念とメタファー

　時間、人生、死、幸福、愛、憎しみ、困難、議論、道徳、等々いわゆる**抽象概念**（abstract concept）はどのように捉えられ概念化されているのだろうか。手足や顔、草木や花、机や本や椅子、犬や猫などの**具象概念**（concrete concept）であれば、何となく分からないでもないと思っている人は多いかもしれない。しかしいざ抽象概念となると、その姿に関してどのように考えてよいかすら覚束ないというのが正直なところではないだろうか。確かに我々は間違いなく数多くの抽象概念を理解し操っている。人間が人間であることの大きな特徴、それは多くの抽象概念を持ちそして操ることができるというところにあると言っても過言ではない。しかし具象概念と異なり、抽象概念は見えない、聞こえない、触れない、臭わない、味わえない、とないものづくしである。まさに「掴みようがない」と思うのが正直なところだろう。もちろんこれまでの話で明らかな通り、語の意味そのものも、どのような場合であってもそれほど単純なものではないことも確かである。具象概念といえどもその概念化の姿は単純ではない。しかし概念習得の観点から考えた場合、具象概念の場合は、対応する語の使用文脈も含めて、感覚器官を通して様々な刺激が情報として脳に伝わり、徐々に概念が形成・習得されていく、というシナリオは想定しやすい。しかし一旦話が抽象概念となるとどうだろう。時間、人生、死、幸福、愛、憎しみ、困難、議論、道徳、等々我々は一体どのように概念化し

理解しているのだろうか。このことに関しては人類の長い知的営みの歴史においてもなかなか満足のいく体系化を見ることがなかった。しかし認知意味論はこの問題にも新しい光を当ててくれる。以下ではいくつかの抽象概念を例にして、その考え方のエッセンスを見ることにしたい。

(14) a. I've never *won* an argument with her.
b. I *demolished* her argument.
c. She *attacked* every weak point in my argument.
d. She *shot down* all of my arguments.

これらの文はいずれも議論に関して述べている。議論とは前提や演繹論理や推論など抽象概念の操作に基づく言語行為である。しかし(14)のイタリック部分では「勝つ、破壊する、攻撃する、撃ち落とす」などの戦争を代表とする戦いにおける行為や行動の表現が用いられている。議論は抽象概念領域、戦争は具象概念領域に関わることを考えれば、お互い相容れない概念が混在しているのではないかとも思える。しかし(14)の例文に関して違和感を持つ母語話者はいない。むしろ(14)は極めて自然な表現として理解されている。このような観察を出発点に、認知意味論では、抽象概念は、何らかの経験的基盤をもとに、具象概念領域の観点から概念化されると考える。そして抽象概念を具象概念の観点から捉え理解する認知様式を指して**メタファー**(metaphor, 隠喩)と呼んでいる。このことは次のようにまとめることができる。

(15) 抽象概念は、その多くはメタファー的に理解される。

(15)を敷衍する前に、同様の観点を示す他の概念領域の例を見よう。

(16) a. 君はいつも時間を<u>浪費</u>している。
b. 車で行けば時間の<u>節約</u>になるよ。
c. 〆切までもうあまり時間が<u>ない</u>よ。

いずれも時間について述べている文であり、下線部分は「浪費する、節約になる、なくなる」といった意味に対応している。これらはお金

や石油や紙や材木など、量に限りがあるものに関して用いられる表現であり、我々が日常の具体的な経験を通してその特徴を理解しているものとの関係で用いられる表現と言える。そして我々が時間に関して持つ諸々の経験様式のあり方が、時間についても量に限りある資源の観点から語ることを可能にしていると考えられる。このように議論にしろ時間にしろ、直接目で見たり手で触れたりできない抽象概念は、その多くが、具象概念領域の観点から理解され概念化されるのではないかと考えられる。もちろんなぜ特定の抽象概念領域の概念化に、ある具象概念領域が用いられるのかということに関しては、日常の経験様式や背景となる文化や歴史までも含めて様々な経験的基盤が考えられる。その具体的な議論は割愛するとして、認知意味論が主張する重要な点は、抽象概念はそれのみで独立して概念化されているのではなく、具象概念を介して概念化されているというところにある。(15) が述べているのはまさにこの点である。そしてメタファーとは、抽象概念領域を具象概念領域から捉える理解様式のことを言う。抽象概念領域を**ターゲット**（target）、具象概念領域を**ソース**（source）と呼ぶことも多いが、この用語も用いて簡単に図示すれば、抽象概念のメタファー的理解は次のように表せる。

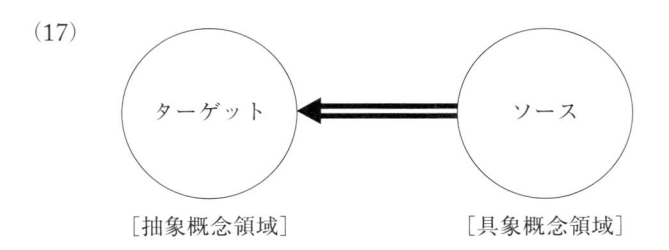

(17)

ターゲット ← ソース

［抽象概念領域］　　［具象概念領域］

メタファーとは、この理解様式のことを指し、次のように特徴づけることもできる。

(18) メタファーの本質はある概念領域を別の概念領域から経験し理解するところにある。

メタファー理論はそれまで他のどの学問領域においても明示的かつ体系的に特徴づけられてこなかった抽象概念の新しい捉え方を提供するものであり、認知言語学の諸分野においても新たな研究が数多く生まれる契機となった考え方である。以下ではそのいくつかを概観したい。

[5.1] 抽象概念の多面性とメタファー

（16）において時間に関するメタファー表現を見たが、実は（16）とは異なる時間の捉え方を示す表現も数多くある。例えば次の例を見よう。

(19) a. もうすぐ春が来る。
b. 新しい時代がやって来る。
c. 行動を起こす時が来た。
(20) a. As we go through the years,…
b. As we go further into 2010s,…
c. We are approaching the end of the month.

（19）では時間が移動物体の観点から捉えられ表現されているが、（20）では時間は我々が通過する場所として表現されている。つまりあるときは時間は（16）のように限りある貴重なものとして、そしてあるときは（19）あるいは（20）のように移動物体や場所として捉えられていることが分かる。これは抽象概念というものが複数の側面を持ち、その意味的側面の特徴に応じて異なるメタファーが動員されていることによると考えられる。逆に言えば、メタファーがあるからこそ我々は抽象概念の多くの異なる側面を概念レベルで捉えることができ、そしてそのメタファーに基づき言語を用いて伝えたい側面を伝え合うことができていることになる。

[5.2] 多義性とメタファー

人工言語（artificial language）と異なり、英語や日本語などの**自然言語**（natural language）の場合、語は複数の意味を持つのが通常の姿である。

複数の意味を持つ語のことを**多義語**（polyseme）と言う。なぜ自然言語の場合、多義語が多く見られるのだろうか。上で見たメトニミーなども関連するが、ここではメタファーに限って多義性との関わりを概観したい。次の例を見よう。

(21) a. I see John.
　　 b. I see what you mean.

英語の see という語は少なくとも「見える」「分かる」の2つの意味で用いられることは (21) が示す通りである。これにはおそらく「理解する」ということを「モノが見える」という観点から理解し概念化しているメタファーが深く関わっていると考えられている。日常の経験様式としても例えば箱の中に何があるのか、それは蓋を開けて見ない限り分からない。人間にとって視覚情報は理解することに直結する重要な情報となっていることは想像に難くない。この「理解すること」を「見えること」の観点から概念化しているメタファーを、省略的に次のように記すことも多い。

(22)　UNDERSTANDING IS SEEING.

（メタファーは概念間の関係であり、言語表現とは区別して、このように大文字を用いる。）つまり (22) のメタファーが see という語の多義性を下支えする理解様式であると言える。もちろん see に限らずとも (22) の理解様式が確かに英語母語話者の概念領域に存在することは次のような例からも推測できると思う。

(23) a. We're clearly being kept in the dark about the matter.
　　 b. Now I've got the whole picture.
　　 c. Let me point something out to you.

いずれも「理解」に関わる内容を表す文であるが、その文字通りの意味は視覚情報に関する意味を表すものばかりであり、これらも (22) のメタファー的理解がその背後にあるからだと考えることができる。

[5.3] 推論とメタファー

次の例について考えてみよう。

(24) a. I don't think our relationship is going anywhere.
b. We are at a crossroads.
c. It's been a long, bumpy road.
d. Our relationship is a dead-end-street.

このような表現が若い男女のカップルの会話で用いられたとしよう。すると話の内容がお互いの恋愛関係に関わる内容であることは誰にも明らかである。しかしなぜそのように理解できるのだろうか。やはりここにもメタファーが深く関係している。そのメタファーは LOVE IS A JOURNEY. (愛は旅である) と表せるものであり、LOVE (愛) を車などによる JOURNEY (旅) の観点から理解するものである。つまり「(a) 行き先不明状態、(b) 十字路にさしかかったときの移動方向の決定、(c) でこぼこ道上の長時間の移動、(d) 袋小路に進入してしまった状態」などに関する理解様式が抽象概念 LOVE に関する恋愛関係の理解を促していると言える。このようなメタファー的理解においては、ソースとターゲットの各概念領域内の複数の要素が対応関係を持っていることが分かる。それは例えば次のようなものであろう。

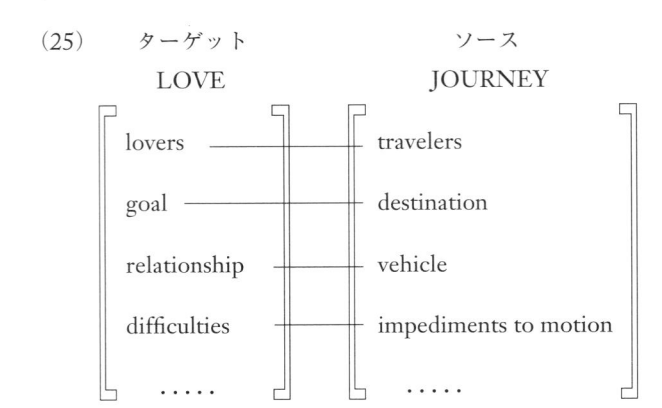

(25)　　　　ターゲット　　　　　　　　　ソース
　　　　　　LOVE　　　　　　　　　　　JOURNEY

　　　lovers ——————— travelers
　　　goal ——————— destination
　　　relationship ——————— vehicle
　　　difficulties ——————— impediments to motion
　　　‥‥‥　　　　　　　　　‥‥‥

このような対応関係によって (24) の文理解が可能となると考えられる。

メタファーにおいてはこのようにソースからターゲットへ複数の要素が対応関係を持つことも多く、この要素間の一方向的対応を指して**写像**（mapping, マッピング）と呼ぶ。したがって LOVE IS A JOURNEY. などとメタファーを表す場合は、実際にはこのような概念領域間の写像全体が省略的に表されていると考える必要がある。

　概念領域内に複数の要素があるということは、その要素間には種々の関係が存在しうるということを意味する。メタファー理論においてはソース領域内の要素間に成立する様々な関係はターゲット領域内の対応する要素間でも一般的に成立するとされる。このことは例えばソース領域において行われる推論の結果引き出される結論は対応するターゲット領域においても一般的に成立することを意味する。したがって、例えば (24d) の表現を女性から聞いた男性は「袋小路であればもうこれ以上進むことはできない。何とかもとの大通りに出ようか。それとも車を乗り捨てて歩いて帰ろうか。それとも誰かの助けを借りようか。」などと考えたりする。つまり実際の車での移動に関して行う推論や結論や行動様式をターゲットの LOVE の概念領域の対応概念に写像して自分が引き出すべき結論やとるべき行動を判断していくことになる。ここでは抽象概念領域内での推論や行動様式のあり方が具象概念領域内でのそれらにより決定されているという構図が浮かび上がる。人間の行う抽象推論も実は多くの場合、具象概念領域があって初めて可能となっていることが伺える。

[5.4] イディオムとメタファー

　あまり科学的ではないにしても、人々の普通の理解（**民衆理論**）において怒りの感情は（容器に閉じ込められた）熱い液体の観点から理解されていることは、次のようなイディオム的表現に現れている。

(26) a. You make my blood *boil*.
　　 b. She got all *steamed up*.
　　 c. John's *blowing off steam*.

このようなイディオムの理解を支えているのはやはりメタファーであり、例えばそれは ANGER IS A HOT FLUID IN A CONTAINER.（怒りは容器内の熱い液体である）という理解様式として表せる。このような文化依存型の民衆理論に支えられることで初めて(26)のような文の意味が理解できるわけで、メタファーがイディオムの意味決定に関わっていることを伺わせる。

[5.5] 構文とメタファー

次の例を見よう。

(27) a. John elbowed his way through the crowd.
　　 b. Frank edged his way out of the room.
　　 c. Joe dug his way out of the prison.

これらはいずれも場所移動が特定の方法で行われていることを表す構文（「way 構文」（*way*-construction）と呼ばれる）であり、その形式は［主語 + 動詞 + one's way + 前置詞句］の形を取る。しかし次のような例では場所移動を表していない。

(28) a. Sosa has homered his way into the hearts of America.
　　 b. Frank earned his way through college.
　　 c. Mary slept her way to the top position.

(28)においては場所移動ではなく、主語名詞句が帯びる状態の変化が表されている。(27)と形式的には同じと思える構文形式がなぜこのように異なる概念領域の意味を表せるのだろうか。実はこのような場合にもメタファーの働きがあると考えられる。例えば(29)を見よう。

(29) a. The milk went sour.
　　 b. Mary fell in love.
　　 c. Paul finally came out of his depression.

このように英語においては状態変化を場所移動の観点から捉えて表現することが多く、次のメタファーの存在を伺わせる。

(30) 　CHANGE IS MOTION.（変化は移動である）

つまり構文が表す意味が場所移動 (27) から状態変化 (28) に拡張されているわけだが、このような構文が表す意味拡張の背景にもメタファー的理解様式である (30) の役割が大きいのではないかということが言えそうなのである。

[5.6] **経験的基盤とメタファー**

これまでにも見たが、メタファー的理解様式を支えている重要な要因として経験的基盤が挙げられる。例えば次の一連の例では、異なる抽象概念が1つの具象概念（UP「上方向」）をソースに持つように見える。しかしこのような場合でも、個々のソース領域に関係している UP の経験的基盤の違いが同じ UP 概念の利用を可能にしていると考えられる。

(31)　　ターゲット概念　　　　　例文
　　a.　HAPPY　　　　　　　　My spirits rose.
　　b.　CONSCIOUS　　　　　　Wake up.
　　c.　MORE　　　　　　　　　My income rose last year.

例えば (a) 人は嬉しければ飛び上がり、(b) 目が覚めれば起き上がり、(c)（水を容器に注ぐ場合のように水位は）量が増えるにつれて上昇する。それぞれの経験様式自体は大幅に異なるが、いずれの経験様式であっても UP 概念に通じるものとして理解される。そしてこのことが HAPPY, CONSCIOUS, MORE の抽象概念形成において、UP 概念によるメタファー的理解の経験的基盤として働くのではないかと考えることができる。

　以上メタファーの諸側面を概観した。メタファーは言語の意味のみならず、日常生活における推論や行動様式のあり方にも深く影響を与える重要な理解様式であることが分かる。

設問 8

(30) において状態変化と場所移動の関係を簡単に見たが、次のような場合はどのようなメタファーが共通して関係しているか考えてみよう。特にイタリック体の動詞の意味に注意しよう。

(a) He *drove* her crazy. Her speech *moved* the crowd to rage. The homerun *threw* the crowd into a frenzy.

設問 9

次のそれぞれの語の多義性にどのようなメタファーが関係していると考えられるか、またその経験的基盤は何か考えてみよう。
grasp（握る；把握する）、hungry（空腹の；〜を渇望して）
fragile（壊れやすい；繊細な）、swallow（飲み込む；鵜呑みにする）
tight-lipped（何も話さない；秘密を漏らさない）

6. 事態の解釈

　認知意味論とは人間の認知能力に基づく理解様式がどのように言語にも反映されているかを明らかにすることによって、言語の意味の姿を明らかにしようとするアプローチであることは、これまでの内容からも明らかだと思う。本節では少し異なる観点として**事態の解釈**（construal）の観点からもこのことについて概観したい。人は1つの事態を表現するとき、種々の要因に応じて、異なる表現をする。例えば、父親が子供に対して、(32) のどちらを使うかということは事態解釈の問題と言える。

(32) a. Look at me!
　　 b. Look at your father!

(a) が通常の表現だとすれば、(b) は家族関係を聞き手の立場から捉えていると言える。

　あるいはまた次の (33) を見てみよう。

(33) a. I typed while she cooked.
　　 b. I typed and she cooked.

(b)では 2 つの事態が並列的にいわば同じ資格で捉えられているのに対し、(a)では一方が他方よりも注目されていることが理解できる。一般に、人が知覚において刺激や情報を均等に見るのではなく、相対的に重要なものとそうでないものとに振り分ける場合、前者を**図**（figure）、後者を**地**（ground）と言う。そして(a)ではこの区別が表現形式に反映され、主節の内容が図、背景情報を表す従属節の内容が地として全体が捉えられている。

　図と地の振り分けが通常の常識的理解と一致しない場合、次のように文自体の容認度に差がでることも知られている。

(34) a. My bike is near the city hall.
　　 b. ?The city hall is near my bike.

単文内では一般に主語位置に注目度の高い図が振り分けられる。(a)の場合、大きくて動くこともない建造物を基準に他のものに注目してその位置を示しているので、その逆の(b)よりも遥かに自然な理解様式だと言える。

　また次のような場合、(a, b)はいずれもお金を必要以上に使わないことを表す点では同じだが、必要以上に使わないことが悪いとされるのかよいとされるか、そのどちらの ICM に依拠するかで異なる理解様式が生じていると考えられる。

(35) a. John is stingy.
　　 b. John is thrifty.

さらに例えば道路のように動かないものであっても、(36)のようにあたかも道路そのものが移動するような事態の捉え方もある。

(36) a. The road climbs over the high mountains.
　　 b. The road winds through the valley.

道路は移動しないので**仮想移動**（fictive motion）と言えるが、英語の母語話者にとってはごく自然な事態の理解様式と表現方法になっている。

以上、事態解釈にも様々な解釈様式があることを見た。これらの背景には我々人間特有の認知傾向が深く関わっているものと考えられる。

設問10

次の語群は意味が似通っているが、どのような違いがあるのか辞書や自分の言語直感などをもとに考えてみよう。
(a)　the planet Venus, the evening star, the morning star
(b)　やる、くれる、与える

設問11

次の図はいずれも、注目部分の図と背景部分の地が入れ替わることにより異なる2つのものを表せることが知られている。それぞれどのように異なる解釈があるのか確認してみよう。
(a)　　　　　(b)　　　　　(c)

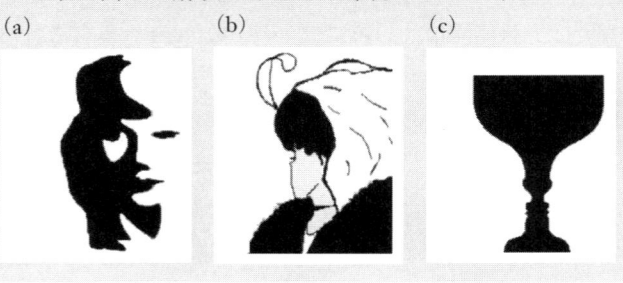

7. 概念融合

　顔や手を表す表現を用いて人を指示するメトニミーでは、関連する指示対象はすべて隣接概念であり、1つの概念領域内での指示関係と考えられる。抽象概念を具象概念から捉えるメタファーは2つの異なる概念領域間の対応関係と言える。概念領域の内・外の関係に関わるこれら2つの理解様式を図式的に示せば次のようになる（円は概念領域、黒丸は概念、矢印は指示関係、直線は対応関係をそれぞれ表す）。

(37) a. メトニミー　　　b. メタファー

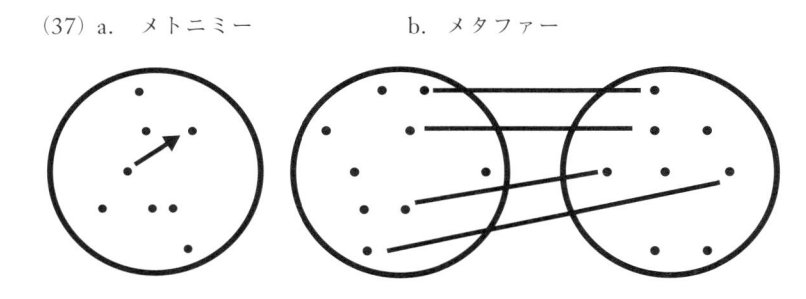

　メトニミーやメタファーは、いわば知識として定着している既存の概念体系のあり方だとも言える。しかし現実の文理解の様子を観察してみると、人間はいわばオンライン的に、その場その場でさらに複雑な概念領域間の操作を行うことが明らかになってきた。既存の知識領域やICMなどに依存しながら、それらを部分的に活用することによって、文の意味理解が進行するダイナミックな概念操作とでも言えよう。**メンタルスペース理論**（Theory of Mental Spaces）からその例を見よう。

(38)　Smoke was pouring out of his ears.

怒りの感情は（容器に閉じ込められた）熱い液体の観点から理解されることは(26)で見た。「煙が耳から出る」という(38)が表現している状況は現実世界ではあり得ないものである。しかしこの文を聞けば誰でも「彼は非常に怒っている」ことを理解する。なぜこの世にあり得ない状況の描写がこのような共通理解を生むのだろうか。それは(26)に関して見たANGER IS A HOT FLUID IN A CONTAINER. のソース領域とターゲット領域からいくつかの概念を一時的に新しい概念領域（このようなオンライン的に創られる概念領域を指して**メンタルスペース**（mental space）と言う）に導入することによって、怒りを液体の沸騰の観点から捉えて表現していることが聞き手に伝わる状況を提示しているからであると考えられる。異なる複数の概念領域から選択的に概念を取り出して作られる領域を指して**融合スペース**（blended space）という。また、このような創造的な概念操作を指して**概念融合**（conceptual blending）という。この状況を分かりやすく図示すれば次のように描ける。

(39)

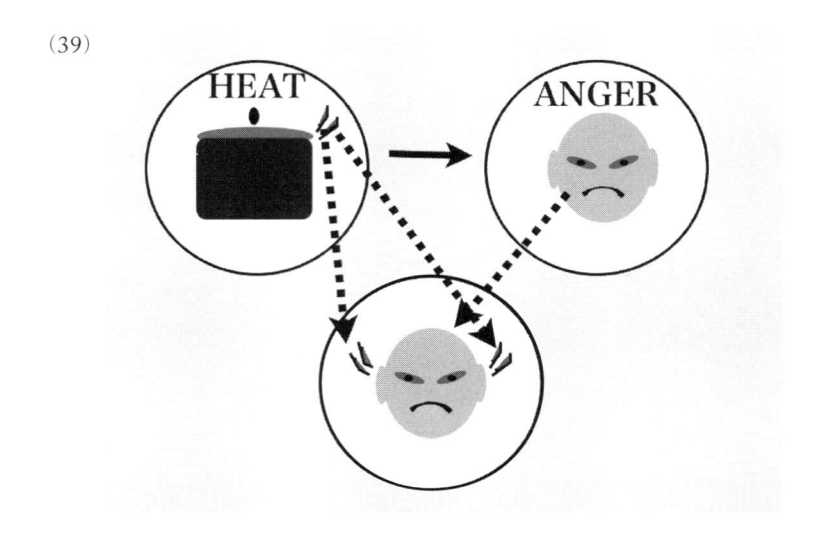

　既存の概念や概念領域に依存しつつ想像力と創造力によって融合スペースを構築し効果的・効率的に情報をやりとりできる能力は人間のみが持つ認知能力であると考えられている。また意図された融合概念の構築や解釈に成功しなければコミュニケーションはうまく成立しないし、誤解も生じうる。まさにことばによるコミュニケーションは多くの場合、聞き手・話し手の想像力と創造力があって初めて成り立つものであると言える。単一領域に関わるメトニミーや2つの領域に関わるメタファーの考え方を吸収しつつ、より包括的かつ体系的に人間の認知能力と言語の関係を明らかにしようとする概念融合の考え方は今後の「人間とは?」「言語とは?」「文化とは?」「芸術とは?」など人間研究の中心的テーマの研究に重要な役割を演じていくものと考えられる。

設問12

　次の各文にはどのような概念融合があると言えるか、考えてみよう。

（a）　Apple couldn't knock out Samsung.

(b)　This surgeon is a butcher.
　　　（「この外科医は手術が下手だ」の意味で）
(c)　必要は発明の母である。

　以上、本章では認知意味論の考え方やその姿のあらましを述べた。触れることができなかったことも多いし、説明不足のところも随所にあるのではないかと危惧しているが、少しでも興味を持ってさらに深く学びたいと思う人がいるならば、以下の文献なども参考にして頂ければ幸いである。

Further Reading

» 河上誓作（編著）(1996)『認知言語学の基礎』(研究社出版)
　認知言語学の基礎が丁寧に分かりやすく、かつ主要な研究が、ほどよいバランスで説明されている。認知言語学の基礎をより広くより深く知りたい人にとっては、得るところが多い書物と言える。

» 杉本孝司(1998)『意味論 2―認知意味論―』(くろしお出版)
　認知意味論について、初級から中級への橋渡しをする内容になっている。基本概念の説明が比較的詳しく与えられ、その上で重要な認知意味論の考え方のいくつかが取り扱われている。

» 谷口一美(2003)『認知意味論の新展開―メタファーとメトニミー―』
　(研究社出版)
　中・上級者向けで、書籍名の通りメタファーとメトニミーを中心に数々の議論や提案を紹介しながら新しい展望を与えている。中級程度の理解を持ち合わせている人にとっては参考になるところが多く読み応えがあるだろう。

» 辻幸夫（編）(2002)『認知言語学キーワード事典』(研究社出版)
　認知言語学の用語解説が原則1ページ（基本的かつ重要なものは2ページ）を割いて、ある程度詳しく提供されている。また英和対照用語一覧もあり、英語の文献を読んでみようと思う人は重宝するだろう。

» 早瀬尚子・堀田優子（2005）
『認知文法の新展開―カテゴリー化と用法基盤モデル―』(研究社出版)

本書ではスペースの制約上取り扱えなかったテーマや最近の認知言語学の流れが取り扱われている。初級の入門書を読んだ後に取り組めば、認知言語学について、さらに充実した展望と理解が得られる。

» 籾山洋介（2002）『認知意味論のしくみ』(研究社出版)

日本語の語・句・文の意味を分かりやすく解説することにより初心者を認知意味論の世界へ誘う書物。初心者向けだが、中級以上の人にとっても興味深く読める箇所が多い。

» Lakoff, George and Mark Johnson (1980) *Metaphors We Live By*. (The University of Chicago Press)(2nd edition 2003)

英語で書かれた認知言語学関係の本にチャレンジしたいと思う人に薦めたい。認知言語学隆盛の口火を切ったと言っても過言ではない書物で、後半には哲学的な話もあるが、全体としてはメタファーについて興味深く書かれていて非常に参考になる。

第7章 語用論

吉村あき子

1. 語用論という領域

　私たちが日常の**コミュニケーション**で伝達する意味は、ことばの中にあるようでいて、ことばの中にないことが多い。筆者が、教室で授業を始める前に受講者名簿にメモしようとして、ペンを忘れたことに気づき、前の席に座っている学生に、(1)「鉛筆、持ってますか？」と言うと、その学生は筆箱から鉛筆（またはシャーペン）を出して貸してくれる。字義通りには、鉛筆を持っているかいないかを尋ねる発話なので、ただ「はい、持っています」と答えるだけでもいいはずなのだが、筆者が尋ねた学生は皆、鉛筆を貸してくれた。このとき、「鉛筆、持ってますか？」という疑問文発話は、「鉛筆を貸してくれませんか」という依頼（含意）を伝達し、聞き手もそう理解する。(2)では、話し手は（字義通りの）「いい天気だ」とは思っていないし、そう伝えようともしていないが、これまでの経緯を知っている聞き手Aは、(2)をちゃんと**アイロニー（皮肉）**として理解する。

(1)　[授業を始めようとして、教員が前の席に座っている学生に]
　　　鉛筆、持ってますか？
(2)　[「明日はピクニック日和のいい天気よ」と言う友人Aのことばを信じて出かけたピクニック先で大雨に見舞われ、Aに向かって]
　　　本当に今日はいい天気ね。
(3)　彼は、そのとき、これをポケットに隠し持っていたのだ。

　一方(3)は、単語の意味だけでは、その発話自体が何を言っているのか分からない。「彼」や「そのとき」「これ」が何を指すかを決められる具体的な文脈があって初めて（例えば「そのマジシャンは、トランプのカードを広げるとき、このハートのエースをポケットに隠し持っていたのだ」とか、別の文脈では「犯人は、会場に到着したとき、このナイフをポケットに隠し持っていたのだ」など）、発話の明確な意味が理解できる。

　以上のような、コミュニケーションに普通に現れる何気ない発話を観察して分かってくるのは、「**話し手の意味** (speaker's meaning) は、こ

とばそのものの中にあるのではなく、ことばを手掛かりに聞き手が**推論するのだ**」ということである。

語用論(pragmatics)という領域は、人がことばを用いて行うコミュニケーションに焦点を当て、話し手はどのようにして聞き手にその意味を伝えるのか、聞き手はどのようにして話し手の意味を理解するのか、その際どのようなメカニズムが働いているのか、を明らかにすることを目的とする。

[1.1] 文と発話

ここで**文**(sentence)と**発話**(utterance)の違いを確認しておこう。人が日常用いる言語において、意味を担う最も小さい独立単位は**単語**(word)である。単語がいくつか集まって**句**(phrase)を構成する。さらに句がいくつか集まって**文**(sentence)を構成する。文とは文法上の単位である。

一方発話は、コミュニケーションにおける情報の単位である。そして例えば、(4)のピーターの問いに対して、(4a)のような一語でも、(4b)のような句でも、(4c)のような文でも、答えることができ、どれもが発話である。そして発話について述べるとき、文脈は必須の要素である。

(4)　Peter : What are you reading?（何を読んでいるんですか？）
　　　Mary : a.　Papers.（レポートよ。）　　　　　　　　　　　（一語発話）
　　　　　　 b.　My students' term papers.　　　　　　　　（句発話）
　　　　　　　　（学生の学期末レポートよ。）
　　　　　　 c.　I'm reading my students' term papers.　（文発話）
　　　　　　　　（学生の学期末レポートを読んでいます。）

したがって、例えば英文法の授業時に「She is playing the piano. は現在進行形ですね」というとき、私たちは文について話をしているのに対して、特定の状況文脈で What is Sally doing now? というピーターの質問に対する She is playing the piano. というメアリーの返答は、コミュニケーションにおける情報単位としての発話である。

[1.2] 語用論のアプローチ

　語用論の出発点と見なされているのは、発話の意味（＝話し手の意味）において、単語の持つ意味と人が推論によって補う意味を明確に区別し、聞き手が発話を解釈する際の推論の重要性を主張したグライス（1967）である。語用論の領域には、ネオ・グライス派語用論、ポスト・グライス派認知語用論（関連性理論）、談話分析、会話分析、歴史語用論、語彙語用論、実験語用論など様々なアプローチがあり、それぞれ異なる視点からコミュニケーションに見られることばの現象を分析し、成果を上げている。本章では、発話解釈モデルを提案する認知語用理論である**関連性理論**（relevance theory）を取り上げ、発話解釈のメカニズムを考えることにしよう。

[1.3] 認知語用論（関連性理論）

　関連性理論は、話し手が聞き手に何かを伝えようと発話する際に、聞き手がその発話をどのように解釈するのか、そしてその解釈の過程で何が起こっているか、を明らかにしようとする理論である。

　コミュニケーションにおいて、話し手は発話をすることで、通例、聞き手がすでに持っている情報に何らかの修正を加える。つまり、聞き手がすでに知っている情報に新しい情報を付け加えたり、その情報を取り消したり、その情報の確信度を高めたりする。そして、この修正は**認知効果**（cognitive effect）と呼ばれる。

　聞き手が発話処理に必要とするエネルギー（コスト／**処理労力**）と、聞き手が持つ情報にその発話が加える修正（利益／**認知効果**）という2つの要因に関していうと、聞き手は、できるだけ少ないエネルギー（コスト／処理労力）で、事情の許す範囲で、できるだけ多くの認知効果を得るように発話を処理する。これは人間の認知一般の傾向であり、**関連性の認知原則**（cognitive principle of relevance）と呼ばれる。一方話し手は、自分の選んだ発話がそういう意味で効率のいい発話であり、聞き手の処理労力に見合う認知効果が得られることを保証して、聞き手にその

発話を処理することを促す。これは**関連性の伝達原則**（communicative principle of relevance）と呼ばれる。

例えば(5)の例において、(5B)は(5A)の質問に直接答えていないが、「飲み会に出席できない」を含意すると解釈される。

(5) A（花子）：今日の飲み会、行く？
    B（純子）：明日がレポートの締め切りなのよ。

純子が「飲み会に行かない」ことを伝えるには、「行かない」と答えるのが最も簡単で分かりやすい。しかしそれだけの情報しか伝達しない。それに対して(5)の純子の返答は、「明日がレポートの締め切り」なのだが、「そのレポートをまだ完成していない」ので、「今晩そのレポートを書く」予定だから、「今日の飲み会に行けない」ということを伝達する。「　」でくくった少なくとも4つのことを、「明日がレポートの締め切りなのよ」という1つの発話で伝達している。

また、見方を変えれば、同じ情報量を伝達するには、この4つのことをすべてことばにして言うこともできるが、「明日がレポートの締め切りなのよ」という1つの発話を処理するよりも、4つの発話を処理する方がずっと多くの労力が必要となり、効率が悪い。話し手は、自分の言いたいことを聞き手にうまく理解してほしいので、このような効率のいい発話を選択し、聞き手にその発話が余分な労力をかけずに十分な効果を得られるものであることを伝える。聞き手は、そのことを信じ、できるだけ少ない労力で話し手の意味にたどり着く解釈プロセスを開始する。そして十分な効果を得られた（関連性が達成された）時点で解釈プロセスをストップする、という発話解釈過程を取るのだ、と関連性理論では考える。

(5B)のような発話は、聞き手に役立つ情報をもたらすので、聞き手が処理労力を費やしても処理するに値するという意味で、聞き手にとって「関連性がある（relevant）」という。関連性（relevance）は、程度性を持つ特性で、処理するのに必要とされる処理労力（コスト）が多ければ多いほど低くなり、得られる認知効果（利益）が多ければ多いほど

高くなる。

　発話解釈過程には、(6)に示した3つのレベルが関わると考えられる。各レベルの性格は次節以降で説明する。

　　(6)　〈発話解釈に関わる3つのレベル〉
　　　　a.　**発話の論理形式**（発話の言語的意味を表示するレベル）
　　　　b.　**表意**（発話によって聞き手に伝えられる明示的意味）
　　　　c.　**推意**（発話によって聞き手に伝えられる非明示的意味
　　　　　　　　（いわゆる含意のこと））

(5B)の純子の発話に当てはめてみると、(7)のようになる。

　　(7)　(5B)の純子の発話：明日がレポートの締め切りなのよ。
　　　　a.　発話の論理形式：t（明日）がレポートの締め切りだ。
　　　　　　　　　　　　　　　　　　　　　（t：time（時）を表す）
　　　　b.　表意：2012年12月28日が純子が出すレポートの締め切りだ。
　　　　c.　推意：2012年12月27日の飲み会に純子は出席できない。

この3つのレベルは発話解釈過程に重要な役割を果たす。各レベルの性格を簡潔に見ておこう。

2. 発話の論理形式

　発話の論理形式（logical form）とは、発話に含まれる単語の言語的意味を表示するレベルである。一般に人は、何かを理解したり考えたり、あるいは何かを伝達しようとするとき、その意味内容を心に表示している（その意味内容が心に浮かんでいる）と考えられる。発話は、音の刺激として耳から入り、聞き手は、まずその単語の意味を心に思い浮かべる（表示する）。これは発話の論理形式と呼ばれ、このレベルでは、まだ(3)の「彼」や「そのとき」「これ」、(5)の「明日」などは、具体的に誰／何を指すのか、いつのことかは特定されておらず、発話の意味内容が十分に確定されていない。聞き手は、この発話の論理形式に基づき、推論を働かせ、曖昧性を取り除いたり、指示対象を特定したり、

必要な要素を加えたりといった語用論的プロセスによって発話の論理形式を発展させ（肉付けし）、発話の**表意**を得る。その発展には4つの語用論的プロセスが貢献する。以下簡潔に概観する。

3. 表意

表意（explicature）とは、話し手が発話を用いてはっきりと（明示的に）聞き手に伝えようとした意味内容（明示的意味）で、発話の論理形式を発展させたものである。その発展には、曖昧性除去（disambiguation）、飽和（saturation）、自由拡充（free enrichment）、アドホック概念形成（ad-hoc concept construction）の4つの語用論的プロセスが関わり、推論が大きな役割を果たす。したがって表意は、発話に含まれる単語の言語的意味と、推論によって語用論的に補われる意味の両方によって構成される。推論による語用論的貢献が発話の明示的意味「表意」に大きく貢献していることを明らかにしたことは、関連性理論の最大の貢献の1つである。

[3.1] 曖昧性除去

例えば(8)は、メアリーが友人アンの下宿から夜遅く帰る際、乗ろうと思っていたバスに乗り遅れ、アンに電話をしている状況での会話である。

(8)　A（Mary）：I missed 10 pm bus.（10時のバスに乗り遅れちゃった。）
　　　B（Ann）：That was the last bus.（それ、最終バスだったのよ。）

このときメアリーは、lastが持つ複数の意味「最後の」「この前の」「最も〜しそうにない」のうち、即座に「最後の」を選択する。なぜなら、バスの便に関する一般的知識から「その日のうちに帰れなくなった」ので「アンの部屋に一晩泊めてもらえるよう頼まないといけない」といった一連の認知効果（メアリーにとって価値ある情報）を引き出す解釈が得られるからである。

このように、発話に用いられた言語表現が、複数の意味を持っている場合、発話の表意を決定する過程で、語用論的にその意味が1つ選択され決定される。これを**曖昧性除去**（disambiguation）という。

> **設問 1**
>
> 次の (a) における表意形成過程で、曖昧性除去が必要な表現があれば指摘しなさい。また、それはどのような意味の間で曖昧なのか、そして最終的にどの意味が選択されると考えられるか、答えなさい。
>
> (a)　People have the right to pursue happiness.

[3.2] 飽和

(9) の発話はどれも、表意を確定するために [　] の内容が補われる必要がある。(9a) の she には、文脈から具体的な指示対象（例えば Mary Jones）を付与し、(9b) の too は、ビルが何にとって若すぎるのかを補い（例えば、プロジェクトリーダーとしては若すぎる）、(9c) の better は、何よりよいのか（例えば、あの帽子よりよい）を補わなければ、発話の意味が明確にならない。これらは皆、発話に含まれる言語表現（she, too, better）によって要求されるものである。

(9)　a.　She is diligent.　　　　[she = Mary Jones]
　　　b.　Bill is too young.　　　[for a project leader]
　　　c.　This hat is better.　　　[than that one]

このように、発話の表意を完成するために、発話に使用されている表現が要求する要素を文脈から補うことを**飽和**（saturation）という。

> **設問 2**
>
> 文脈情報を参考にして、次の発話の表意を示しなさい。
>
> (a)　[Tom の車が自分の車と同じ車種だと分かって] His car is the same.

(b) ［パーティーを開くのにいい部屋を探して］This room is large enough.

[3.3] 自由拡充

(10) の例も、発話の表意を確定するために［　］の要素が補われる。(10a)を発話する医者は「あなたの膝が治るのには時間がかかります」という自明の理ではなく「(思った以上に)［長い］時間がかかりますよ」ということを伝達している。(10b)の「ジャックとジルはその丘を登った」は普通「［一緒に］登った」と解釈され、(10c)は普通「ビルは博士号を取得した」［後で］「仕事に就いた」と解釈される。

(10) a. It 'll take time for your knee to heal. ［time → a long time］
b. Jack and Jill went up the hill [together].
c. Bill did his PhD and [then] got a job.
(11) It is better to do your PhD and get a job than to get a job and do your PhD.

このような補われる要素は表意に貢献していると考えられる。例えば(11)は、字義通りの解釈(［PhD（博士号）を取得すること］と［仕事に就くこと］は、［仕事に就くこと］と［PhD（博士号）を取得すること］よりもよい)では矛盾文になるが、普通「PhD（博士号）を取得してから仕事に就く方が、仕事に就いてから PhD（博士号）を取得するよりいい」と解釈し、矛盾文とは解釈されない。これは、語用論的に補われる then が表意に貢献していることを示している。

この補充が(9)の飽和と異なるのは、(10)で補われる要素が、発話に含まれる言語表現が要求するのではなく、発話の関連性ある解釈を得るために、純粋に語用論的理由から補われる点である。このように、発話の表意形成過程において、特定の言語表現の要求ではなく、もっと自由に語用論的に何らかの要素を補うことを**自由拡充**（free enrichment）という。

> ### 設問 3
>
> 次の下線を引いた発話の表意（発話の単語の言語的意味を反映した論理形式を発展させたもの）はどのようなものだと考えられるか、（　）内のヒントを参考にして、答えなさい。
> (a) 今日は新歓コンパだな。太郎は飲むよ。（何を？）
> (b) 花子は熱がある。（どれくらいの？）

[3.4] アドホック概念形成

同じ単語でも文脈によって伝達する意味が異なることがある。例えば (12) の open について、(12a)「窓を開ける」(12b)「口を開ける」(12c)「本を開ける」(12d)「瓶を開ける」における「開ける」という具体的な行為はすべて異なっている。open が持つ一般的な意味が、それぞれの具体的な文脈では、その場限りの特定の行為を表すように狭められるのである。「その場限りの」に対応する英語は ad hoc なので、この文脈固有のその場限りの意味は**アドホック概念**と呼ばれ、それぞれ OPEN*, OPEN**, OPEN***, OPEN**** といったように表記する。その結果、各発話が表す意味は（　）内に示したようになる。

(12) a. Jane opens the window. (JANE OPENS* THE WINDOW.)
  b. Bill opens his mouth. (BILL OPENS** HIS MOUTH.)
  c. Sally opens her book to page 56. (SALLY OPENS*** HER BOOK...)
  d. Tom opens the bottle. (TOM OPENS**** THE BOTTLE.)

反対に、単語の持つ意味が緩められる場合もある。(13a)「彼の顔は長方形だ」では、数学の厳密な「長方形」の意味が顔の形を形容できるくらいの概念に緩められて (OBLONG*) 解釈される。(13b)「私の仕事は刑務所だ」でも同様に、「刑務所」の意味が「抜け出したくても抜け出せない不快な場所」(JAIL*) くらいのその場限りの概念に緩められて解釈される。

(13) a. His face is oblong. (TOM'S FACE IS OBLONG*.)
  b. My job is a jail. (BILL'S JOB IS A JAIL*.)

このように、発話に含まれる語の意味（概念）が文脈に合うように語用論的に調整され、その場限りのアドホック概念を形成し、単語の概念にとって代わって表意に貢献する場合がある。このようなプロセスを**アドホック概念形成**（ad-hoc concept construction）という。(13b)のようなメタファーもアドホック概念で解釈される。

　以上の表意に貢献する4つの語用論的プロセスに関する議論から、「発話に用いられる表現の言語的意味だけでは、その発話の表意を確定するには不十分である」ということが明らかになった。これを**言語的意味の確定不十分性**（linguistic underdeterminacy）のテーゼという。

[3.5]　基本表意と高次表意

　発話処理過程の視点から正確に言うと、発話の言語的意味が反映される論理形式は、4つの語用論的プロセス（曖昧性除去、飽和、自由拡充、アドホック概念形成）によって肉付けされ発展されて**命題形式**（propositional form）を形成する。命題形式とは、外界の状況に照らし合わせて真であるとか偽であるとかを判断できる形式（例えば「誰が」「何を」「どこで」「いつ」といったような要素を十分備えたもの）のことである。この命題形式によって表示された意味内容を**表出命題**（proposition expressed）という。表出命題はほとんどの場合伝達されて表意となるが、アイロニーのように伝達されず表意とならない場合もある。**伝達される意味**（communicated meaning）というのは、話し手が聞き手に伝えることを意図した意味内容のことで、アイロニーの分析においてこの区別は重要である。例えば、親友だと思っていた太郎に裏切られたことが分かって「太郎はいい友達だよ。」と言うアイロニー発話の場合、表出命題は「太郎はいい友達だ」だが、これは話し手が聞き手に伝達しようとしている意味内容ではないので表意ではない、ということになる。これについては後述する。

　発話によって明示的に伝達される意味は、表意と呼ばれ、**基本表意**（base-level explicature）と**高次表意**（higher-level explicature）の2種類に

区別される。例えば (14) において、ピーターが犯人ではないかと示唆するビルに対して、ピーターのガールフレンドのメアリーが「彼は泥棒じゃないわ！」と反論する。このときメアリーの発話は、(15b) 表出命題「ピーターは泥棒ではない」とともに、(15c)「メアリーは [ピーターが泥棒ではない] と信じている」を伝達する。(15b) のような伝達された表出命題を基本表意と呼び、(15c) のように、表出命題が伝達動詞 (say や tell など) や命題態度を表す動詞 (believe, regret など) に埋め込まれ、伝達されたものを高次表意という。

(14) [昨日集金した部費がなくなっていることが発覚した状況で]
　　　A (Bill)：Peter was the last person who left the room yesterday.
　　　B (Mary)：He is not a thief!
(15) a.　(14B) の論理形式：X (He) is not a thief.
　　 b.　(14B) の表出命題 (基本表意)：Peter is not a thief.
　　 c.　(14B) の高次表意：Mary believes that Peter is not a thief.
　　　　　　　　　　　　　　Mary is saying that Peter is not a thief.

基本表意も高次表意も、どちらも文字通り表意であるので、発話によって伝達される (話し手が聞き手に伝えることを意図した) 意味内容であると見なされる。

設問 4

次のルース (Ruth) の発話の、論理形式、表出命題、高次表意を示しなさい。

(a)　Bill：Have you read my term paper?
　　　Ruth (happily)：It was excellent.

[3.6] 文副詞と高次表意

基本表意と高次表意の区別は、発話解釈において重要な役割を果たす。例えば、confidentially (内々に、内緒で) のようないわゆる文副詞を含む (16) のビルに関する発話の場合、「内々に合格しない」ではなく「内々の話だが、彼は合格しないだろう」と解釈される。つまり、

confidentially は発話に含まれる動詞 pass を修飾して基本表意に貢献するのではなく、(17b) に示したように、伝達の動詞 tell を修飾して高次表意に貢献していることを正しく分析できるのである。

(16) Peter to Mary：*Confidentially*, he won't pass the exam.
(17) a.　(16) の基本表意：Bill won't pass the exam.
　　 b.　(16) の高次表意：Peter tells Mary confidentially that Bill won't pass the exam.

> **設問 5**
>
> 次の発話の高次表意を示しなさい。
> (a)　Mary to Peter：Frankly, I'm not impressed with your work.

4. 推意

[4.1] 前提推意と帰結推意

発話によって伝達される非明示的意味を**推意**（implicature）という。表意が、発話の論理形式を肉付けし発展させたもので、単語の意味（意味論）と推論（語用論）の両方が貢献しているのに対して、推意は、純粋に推論によって引き出されるもので、記憶から引き出されたり、表意と文脈との相互作用で引き出されたり、場合によっては作り出されたりする。推意には、**前提推意**（implicated premise）と**帰結推意**（implicated conclusion）の2つのタイプがある。

例えば(18)において、ピーターの「アウディは運転する？」という質問に対して、メアリーが「高級車は運転しないの」と答える場合、「アウディは運転しない」という推意を伝達することによって、メアリーはピーターの質問に答えていると解釈される。

(18) A (Peter)：Would you drive an Audi?
　　 B (Mary)：I wouldn't drive any expensive car.

(18B)をピーターはおおよそ(19)のようにして解釈すると考えられる。

メアリーの発話（19a）「メアリーは高級車を運転しない」と、アウディに関して記憶から引き出してきた知識（19b）「アウディは高級車である」を前提にして、（19c）「メアリーはアウディを運転しない」を帰結（結論）として引き出す。

(19) a.　Mary wouldn't drive any expensive car.　メアリーの発話
　　　b.　<u>An Audi is an expensive car.</u>　　　　　前提推意（記憶から）
　　　c.　Mary wouldn't drive an Audi.　　　　　　帰結推意

記憶から呼び出された（19b）も帰結（19c）も、話し手が聞き手に伝えようとした意味である。このとき（19b）を前提推意、（19c）を帰結推意という。

設問 6

次の太郎と花子の会話において（太郎は関西のどこで展覧会が開かれるのか知らない）、花子の発話が伝達する推意はどのようなものだろうか。

(a)　太郎：ミュシャが関西に来るんだってね。行く？
　　　花子：神戸は遠いわ。

[4.2] 強い推意と弱い推意

推意には、強い推意から弱い推意まで様々な強さを持つものがある。例えば先の（5）で見たように、「今日の飲み会、行く？」という花子の質問に対する純子の返答「明日がレポートの締め切りなのよ」は、「出席できない」を強い推意として持つと言える（便宜上（20）として再掲する）。

(20) A（花子）：今日の飲み会、行く？（=5）
　　　B（純子）：明日がレポートの締め切りなのよ。
　　　　　　　　　　　　　　　　（→純子は今日の飲み会に出席できない）

(20B)は、今日の飲み会に純子が出席できない1つの理由を提示しているので、聞き手の花子はこの質問の答えとなる特定の推意「出席でき

ない」を引き出すように、強く仕向けられる。これは(20B)によって伝達される強い推意である。

　一方、推意が特定の1つに特定されず、多分こういうことを話し手は伝えたいのだろうなと思われる複数の弱い推意を伝達することによって、発話が解釈される場合もある。例えば(21)のようなメタファー発話には、明らかに強い推意は存在しないように思われる。これは、(22)に挙げたような、いくつもの弱い推意を伝達することによって、関連性が達成されると考えられる。

　(21)　ジュリエットは太陽だ。
　(22) a.　ジュリエットは、なくてはならない存在だ。
　　　 b.　ジュリエットがいると、世界が明るくなる。
　　　 c.　ジュリエットは、エネルギーを与えてくれる。
　　　 d.　ジュリエットがいると、暖かくなる。

　一般的にいうと、話し手が、非常に特定的な推意を補うように聞き手に仕向ける発話の場合、引き出される推意は非常に強い推意であり、その責任は話し手にある。一方、その解釈が様々な推意の集合によって与えられるような場合、引き出される推意は弱い推意である。当然推意が弱ければ弱いほど、話し手の意味を正しく反映していることに対する聞き手の自信は少なくなり、聞き手はその責任の大部分を負わなければならない。このように、推意には強い推意から弱い推意まで様々な強さの推意がある。

5. 概念的情報を持つ表現

　発話解釈過程という視点から、私たちの言語の単語が持つ意味（情報）には大きく分けて2種類あると仮定されている。**概念的情報**（conceptual information）と**手続き的情報**（procedural information）である。この節で概念的情報を持つ表現を、次節で手続き的情報を持つ表現の性格を概説しよう。

私たちが話す言語には**単語**がある。私たちの心の中の言語でそれに対応するものは**概念**であると考えられている。単語は外部世界に属し、概念は私たちの内的世界に属する。私たちが発話を解釈し表意や推意を理解するとき、私たちの心にはその意味内容が表示されていると仮定する。すなわちその意味内容が心に浮かんでいる状態に相当する。その表示は心的表示または概念表示と呼ばれる。私たちの話す言語の文が単語からなっているように、心的表示は概念からなっていると考えられている。

　私たちの用いる言語表現の中で、発話解釈の際に概念表示の要素になるものを、概念的情報を持つ表現という。例えば、Monkeys like bananas. という発話では、monkey や like、banana は概念的情報を持つ表現である。

6. 手続き的情報を持つ表現

　一方、発話の聞き手が、どのような解釈の仕方をすればいいのかを指示する情報を持つ表現がある。このような指示が発話に含まれていると、聞き手は、余計な労力を使わず、発話の意味を正しく解釈することができる。処理労力を少なくすることによって発話の関連性達成に貢献するのである。このような表現を、手続き的情報を持つ表現という。具体例を見てみよう。

[6.1] but の手続き的情報（語句）

　but を伴う (23a) と and を伴う (23b) の発話を比べてみよう。(23a) と (23b) の**真理条件**（外界の事実に照らして真になる条件）は同じで、前半の「彼女が言語学者である」ことと後半の「彼女が大変聡明である」ことがともに成立していれば、(23a) も (23b) もどちらも真になる。しかし、(23a) は、前半の「彼女が言語学者である」ことと後半の「彼女が大変聡明である」ことの間に何らかのコントラストがあるように解

釈される。(23a)の話し手は、「言語学者は一般に聡明ではない」が、彼女はその一般論に当てはまらないと思っているんだな、と私たち聞き手は理解する。その過程を具体的にたどってみよう。

(23) a. She is a linguist, but she is quite intelligent.
    （彼女は言語学者だが、大変聡明だ。）
   b. She is a linguist, and she is quite intelligent.
    （彼女は言語学者で、大変聡明だ。）
(24) a. All linguists are unintelligent.　（文脈想定）
   b. She is a linguist.　　　　　　　（(23a)の but に先行する節）
   c. She is not intelligent.　　　　　（推論の帰結）

(23a)の聞き手は、but に先行する she is a linguist と、(24a)「すべての言語学者は聡明でない」のような文脈にある想定（文脈想定）を推論の前提として、(24c)「彼女は聡明でない」のような帰結を引き出す。**想定**(assumption) とは、コミュニケーションにおける情報を担う単位（文法における文に相当するもの）である。そしてこの(24c)が but の後に来る she is quite intelligent と矛盾し、(24c)を削除するような処理（推論）の仕方をする。この処理の仕方が but の持つ手続き的情報だと考えられる。なぜなら、but がなければ、(23b)のように「彼女は言語学者だ、だから彼女はとても聡明だ」のような解釈が可能で、必ずしも、前半の節から引き出された内容を削除するような処理の仕方をするわけではないからである。

(23a)は、前半の節から引き出された想定が、後半の節の表意と矛盾する場合であったが、前半節と後半節から派生された想定同志が矛盾する場合もある。例えば(25)は、トムとビルが経済状況について議論していて、経済の専門家に相談するべきだと結論を出した状況での会話である。

(25) A (Tom)：John is not an economist. (→ We shouldn't consult him.)
　　 B (Bill)：But he is a businessman. (→ We should consult him.)

(25A)のトムの発話は「ジョンに相談するべきではない」を推意として伝達し、(25B)のビルの発話は「彼に相談するべきだ」を推意として

伝達するように解釈する。つまりビルの but を伴う発話は、先行するトムの発話の推意「ジョンに相談するべきではない」を削除するような解釈の仕方をするように聞き手に指示していると分析される。このような処理の仕方をするのは but があるからである。実際、ビルが but のない He is a businessman. とだけ言ったとしたら、この矛盾は必ずしも生じない。ビルが「なるほど彼はビジネスマンだ（から、相談するのに適切な人物ではないね）」と、トムに同意していると解釈することも可能だからだ。

　以上のように but は、後続節によって伝達される想定（表意または推意）と、先行節から派生される想定が矛盾し、先行節の推意が削除されるように後続節を処理せよ、という指示を聞き手に与える語である、と特徴化することができる。これが、but の持つ手続き的情報である。このような情報が聞き手に与えられると、余分な処理労力を使わずに話し手の意図した解釈にたどり着くことができる。手続き的情報を持つ表現は、聞き手の処理労力を減らすことによって、発話の関連性に貢献しているのである。手続き的情報を持つ表現には、他にも、so, therefore, nevertheless, after all などの談話標識や、Oh や Well などの間投詞、「ね」「よ」などの終助詞、「〜のだ / のではない」「〜わけではない」などの文否定の形式があり、興味深い様々な分析が提案されている。

設問 7

　次の A. So B 形式を持つ発話について、(a) 〜 (c) に共通する A と B の関係はどのようなものだと考えられるか。

(a)　It is raining. So the grass is wet.
(b)　My boss was out. So I left a message with his secretary.
(c)　I missed the train. So I was late to the work.

[6.2] any や ever の手続き的情報（表現グループ）

　手続き的情報が、ある種のグループに属する表現に共通する場合もある。例えば any や ever は、(26) に示したように、否定文では容認されるが、肯定文では容認されない（*は文法的に容認されないことを示す）。このような否定的な環境を好んで現れる語句は、**否定極性項目**（negative polarity item）と呼ばれており、英語では lift a finger, budge an inch, say a word などの他多数あり、日本語でも「びた一文」「決して」など多数の表現が含まれる。

(26) a.　I haven't *ever* met *any* popular musicians at the bar.
　　　　（私はそのバーで人気のミュージシャンに会ったことがない。）
　　　b. *I have *ever* met *any* popular musicians at the bar.

英語の否定極性項目は if 節や before 節にも現れるが、(27) に示したように、容認される場合とされない場合がある（#は意味的に異常であることを表す）。(27b, c) は、ever のない場合は自然な英語であるが、ever が現れると不自然な英語になる。詳しく見てみよう。

(27) a.　You were coming here before you ever met her.
　　　　（君は彼女に会う前にすでにここに来ようとしていたのだ。）
　　　b. #He brushed his teeth before he ever went to bed.
　　　　（彼は床に就く前に歯を磨いた。）
　　　c. #Jane took it down before she ever forgot it.
　　　　（ジェーンは忘れる前にそれを書き留めた。）

(27a) の状況は、殺人が起こった家に居合わせた男がそこにいる理由を尋ねられ、列車の中で美しい少女に出会い、恋に落ちて、彼女の後をつけてその家まで来たのだと答える。一方、探偵のポアロはある証拠を手にいれ (27a)「君は彼女に会う前にすでにここに来ようとしていたのだ」と言うのである。ever の含まれる文も含まれない文もともに容認されるけれども、X before Y の X と Y の時間的順序を強調したいこの文脈においては、ever のある文の方が適切であるという母語話者の指摘は、ever が before を強調する役割を果たしていることを示唆し

ている。ever を持たない X before Y は、単に「X-Y の順序でことが起こった」ことを示すだけだが、ever が現れると「Y-X ではなく、反対の X-Y の順序で起こったのだ」と、X-Y に対比される状況 Y-X を我々に意識させる。

そこで ever は、それが含まれる文と矛盾する対比想定を持つ文脈を要求し、その対比想定を取り消すように処理することを指示する表現だと仮定しよう。すると (27b, c) がうまく説明される。(27b) においては対比状況「床に就いた後で歯を磨く」が、(27c) においては「忘れてしまってから書き留める」が普通は不可能な行為であるため、どちらも不適切になるわけである。

この対比想定を持つ文脈で解釈できるかどうかは、ever の適切性にとって決定的な働きをしている。このことは、(28) に示されるように、「その被告人のアリバイはベッドで歯を磨いていたという非常識な主張に依存している：しかし執事の証言は、彼は床に就く前に歯を磨いたことを証明している」といったような「床に就いた後に歯を磨く」を持つ文脈で解釈できるときには、(27b) が完全に容認されることによって示される。

(28) The accused's alibi depends on the preposterous claim that he brushed his teeth while in bed; however, the eye-witness testimony of the butler proves that he brushed his teeth before he ever went to bed.

この ever が持つ手続き的情報は、any などの他の否定極性項目にも当てはまり、否定極性項目という表現グループが持つ意味情報である、と特徴づけることができる。

[6.3] 疑問文の手続き的情報（文形式）

ある文形式が特定の手続き的情報を持つ場合もある。**疑問文**という文形式を考えてみよう。例えば (29) は、ピーターの煮え切らない態度にメアリーが「まじめな話、あなた、私のこと愛してる？」と発話する場合である。疑問文の表出命題は対応する平叙文と同じなので、(29A)

と(29B)の表出命題はともに(30a)「ピーターはメアリーを愛している」だが、疑問文(29A)の場合、伝達されるのはこの表出命題ではなく、これを埋め込んだ高次表意(30b)「ピーターがメアリーを愛しているかどうか、メアリーはピーターに真剣に尋ねている」である。

(29) A (Mary)：Seriously, do you love me?
　　 B (Peter)：Yes, I love you.
(30) a.　Peter loves Mary.　　　　　　　　（命題形式／表出命題）
　　 b.　Mary asks Peter seriously whether Peter loves Mary.
　　　　　　　　　　　　　　　　　　　　　　　　　（高次表意）

つまり、一般に主語と助動詞が倒置された形で表現される一般的な疑問文形式は、The speaker asks the hearer whether …という高次表意を作るように指示する手続き的情報を持った形式だということができる。そして文副詞 seriously（真剣に）は 3.6 節で示したように、ask を修飾し高次表意に貢献しており、ここでも高次表意が重要な役割を果たしていることが分かる。文レベルの表現形式に関する興味深い日英比較は後述する。

7. 記述的使用と帰属的使用

　私たちは、発話を 2 通りに使うことができる。1 つは、例えば「奈良では今雪が降っています」と言って目の前の状況（世界の状況）を表したり、Close the door, please. と言って望ましい（可能）状況を述べたりするように、ある状況を記述するのに発話が使用される場合を、**記述的使用**という。もう 1 つは、例えば「［宮崎先生、歯が痛い］んだって」と生徒が先生のことばを引用したりするように、発話時の話し手以外の誰かの発話や思考（の表示）を表示するのに発話が使用される場合を、**帰属的使用**という。この記述的使用（状況の記述）と帰属的使用（表示の表示）の区別は、実は非常に有効な言語分析の手段になる。

[7.1] リポートとエコー的使用

　帰属的使用の例としてよく挙げられる、**リポート**（report）と**エコー的使用**（echoic use）の例を見てみよう。リポートとは、帰属元の発話や思考の内容に関する情報を単に与えるもので、エコー的使用とは、帰属元の発話や思考の内容に対する話し手の態度や反応を表現するものである。(31B) (32) は、間接的リポートの例である。

(31) A (Peter)：What did Susan say?
　　 B (Mary)：She said that *she couldn't speak to me then*.
(32) An announcement came over the loudspeaker. *All the trains were delayed.*（ラウドスピーカーからアナウンスがあった。［すべての列車が遅れている］というのである。）

例えば (31A) の「スーザンは何て言ってた？」というピーターの質問に対するメアリーの返答 (31B) に含まれる said が明確に示しているように、それに続くイタリックの節 *she couldn't speak to me then* はスーザンに帰属される発話の内容を間接的に報告するものである。(32) には、say や tell のようなリポートであることを示す語句は含まれていないが、前半の「ラウドスピーカーからアナウンスがあった」から推論できるように、後半の *All the trains were delayed.* は鉄道会社に帰属されるアナウンスの内容を間接的に報告している。このような帰属的使用をリポートという。

　一方 (33) は、何か月もの間禁煙に努力していたピーターの「とうとう煙草をやめたよ」という発話に対して、メアリーが返答している状況である。メアリーの返答 B_1, B_2, B_3 を見てみよう。

(33) A (Peter)：I've finally quit smoking.（とうとう煙草をやめたよ。）
　　 B_1 (Mary)（happily）：You've quit smoking! Congratulations!
　　　　　　　　　　　　　（煙草をやめたのね！おめでとう！）
　　 B_2 (Mary)（cautiously）：You've quit smoking. Really completely quit?（煙草をやめた？本当に完全にやめたの？）
　　 B_3 (Mary)（dismissively）：You've quit smoking. How often have I heard you say that?（煙草をやめたですって。何度あなた

がそう言うのを聞いたことか…。)

メアリーの返答（33B$_1$, B$_2$, B$_3$）のいずれにも現れる最初の部分 You've quit smoking は、直前の話し手ピーターに帰属する表示であるが、それに対するメアリーの態度が異なっている。(33B$_1$)では、ピーターの禁煙の努力が実ったことをともに喜ぶ態度が示されているが、(33B$_2$)では、本当かどうか判断を保留しようとする態度が、(33B$_3$)では、ピーターの禁煙をまったく信用していないことを示す否定的な態度が示されている。

(33)では帰属元が直前の話し手ピーターとして容易に特定されるが、特定の個人に帰することのできない一般的な規範や常識のような場合もある。例えば、飲酒が過ぎて体調を崩し医者に禁酒を申し渡されているのに飲もうとする夫に、妻が「酒は百薬の長ですものねぇ。」と皮肉を言うような場合である。このとき「酒は百薬の長である」は特定の誰かに帰属されるものではなく、一般の人々が持つ共通の知識（この場合はことわざ）が帰属元になっている。このように、発話時の話し手以外の誰か（特定できない場合も含め）に帰属される発話や思考を表示し、それに対する話し手の態度を示す場合をエコー的使用という。このエコー的使用はアイロニーの分析において決定的な役割を果たす。次節ではアイロニーを見ることにしよう。

設問 8

次の (a)(b) には帰属的使用が含まれている。帰属的表示の部分に下線を引いて、リポートとエコーのどちらであるか答えなさい。

(a) He said that the deadline was getting near.
(b) Peter：Ah, the old songs are still the best.
Mary (contemptuously)：Still the best!

[7.2] アイロニー

アイロニーは伝統的に「比喩的意味が字義的意味の反対であるよう

な文彩」と定義されてきた。本章の最初に見た（2）（下記（34）に再掲）や（35）において、これは一見成り立っているように思われる。（34）は、字義的意味「今日はいい天気だ」の反対「今日はひどい天気だ」を意味しているように思われ、（35）は字義的意味「太郎はいい友達だ」の反対「太郎はひどい友達だ」を意味しているように思えるからである。

(34) [「明日はピクニック日和のいい天気よ」と言う友人 A のことばを信じて出かけたピクニック先で大雨に見舞われ、A に向かって]
本当に今日はいい天気ね。(=2)

(35) [親友だと思っていた太郎に裏切られたことを知って]
太郎はいい友達だよ。

しかし、次の（36）のようなアイロニー発話は、字義的意味の反対という定義では説明できない。

(36) a. Ah, Windermere in May!（ああ、5月のウィンダミア！）
b. You can tell he's upset.（彼は怒っていると言っていいと思うよ）

例えば、5月のウィンダミア湖（湖水地方）は地上で最も美しい場所だからと、ピーターがメアリーをウィンダミアに招待したとしよう。異常気象が続き、風の唸る激しい雨の中、メアリーはウィンダミアに到着する。ピーターの車に乗って、洪水のような道路を家に向かう途中、メアリーがピーターに向かって（36a）を言うとき、この発話はアイロニーである。しかし（36a）は感嘆表現で命題の形式を持たず、この反対が何になるのか見当がつかない。字義的意味の反対がないのに、アイロニーである。（36b）において、ある店で客が激怒して我を忘れ大声を上げて店員に文句を言っている状況で発話された場合、これは典型的な控えめ表現のアイロニー発話である。しかし字義通りの反対 You can't tell he's upset.（彼は怒っていると言えないね）または You can tell he's not upset.（彼は怒っていないと言っていいだろう）を意味していないのは明らかである。これらの例が示していることは、伝統的定義はアイロニーの本質を捉えていないということである。

本章で扱う関連性理論は、アイロニーを、帰属元の発話や思考に

対して不同意やあざけりといった**乖離的態度**(dissociative attitude)を示すエコー的発話として特徴づける。この視点を取ると(36a)のWindermere in May! は、最も美しいからと私を招待した「あなた」に帰属され、その発話に対して、不同意の乖離的態度を示すエコー的発話であるとして説明される。同様に、(34)のアイロニー発話も、前日に「明日はいい天気よ」と言った友人Aに帰属され、話し手はそれに対して不同意やあざけりといった乖離的態度を伝達していると説明される。前節に挙げた(33B$_3$)も、You've quit smoking が先行発話の話し手のピーターに帰属され、それに対してメアリーがまったく信用せず軽く扱う乖離的態度を示すアイロニー発話であるとうまく説明される。以上のようにアイロニーは、不同意などの乖離的態度を表すエコー的発話であると特徴づけることができるのである。

8. 日英比較

以上のような発話の解釈過程を念頭において、日本語と英語を比較してみると、非常に興味深い特徴が明らかになる。以下に簡潔に紹介する。

[8.1] ッテやノダと「**内緒の話だが**」

帰属的使用や高次表意に関わる例について、英語と日本語の表現の仕方に明らかな違いが観察される。日本語には、帰属的使用であることや高次表意に貢献することを明示する表現が現れるのである。帰属的使用に関して、(37)と(38)のリポートの例を見てみよう。

(37) A (Peter)：What did Susan say? (スーザンは何て言ってた?)
　　　B (Mary)：'I can't speak to you now.'
　　　　　　　　([今あなたに話すことができない]って。)

(38) An announcement came over the loudspeaker. *All the trains were delayed.* (ラウドスピーカーからアナウンスがあった。[すべての列車が

遅れている］というのである。）（=32）

（37B）のメアリーの発話は、スーザンの発話を直接引用している帰属的使用の例であるが、そのまま日本語にするとA「スーザンは何て言ってた？」B「［今あなたに話すことができない］」とどうにも不自然になる。Bの最後に「って」という引用であることを示す表現を加えると、A「スーザンは何て言ってた？」B「［今あなたに話すことができない］って」と完全に自然な日本語になる。同様に（38）もラウドスピーカーから流れたことばを引用しているが、そのまま日本語にした「ラウドスピーカーからアナウンスがあった。［すべての列車が遅れている］」ではどうしても不自然になり、引用の最後に〜ノダや〜トイウノダを付けると自然な日本語になる。

　同様のことが3.6節で考察した文副詞にも当てはまる。対応する日本語を加えた（16）と（17）をもう一度見てみよう。

　　（39）Peter to Mary：*Confidentially*, he won't pass the exam.（=16）
　　　　　　　　（｛内緒の話だが /# 内密に｝、彼は試験に合格しないだろう。）
　　（40）a.　（39）の基本表意：Bill won't pass the exam.（=17a）
　　　　　b.　（39）の高次表意：Peter tells Mary confidentially that Bill won't pass the exam.（=17b）

文副詞 confidentially を伴う（39）の意味を表す適切な日本語を考えると、「内密に、彼は試験に合格しないだろう」では、日本語としてはどうにも不自然で、「内緒の話だが、彼は試験に合格しないだろう」とすると自然な日本語に聞こえる。一方同じ confidentially が用いられていても（41）のような場合は、対応する日本語は、「あなたが提供する情報はすべて、内緒の話だが、扱われるだろう。」ではなく、「あなたが提供する情報は、すべて内密に扱われるだろう。」である。（42）に示したように、（41）の confidentially は文副詞ではなく基本表意に貢献し、動詞の be treated を修飾するものである。

　　（41）Peter to Mary：Any information you give will be treated *confidentially*.
　　　　　　　　（あなたが提供する情報はすべて｛内密に /# 内緒の話

だが} 扱われるだろう。)

(42) a. (41)の基本表意：Any information Mary gives will be treated <u>confidentially</u>.
b. (41)の高次表意：Peter promises Mary that any information Mary give will be treated <u>confidentially</u>.

以上の観察が示していることは、日本語は、基本表意に貢献しているのか高次表意に貢献しているのかを、明示するということである。

> **設問 9**
>
> 次の英語を自然な日本語に直し、英語と異なる点を述べなさい。
> (a) Taro explained the situation and added, 'I am to blame.'
> (b) In short, they won't help our team anymore.

[**8.2**] not と〜（ノデハ）ナイ

英語の否定辞 not は肯定文に付加され否定文を構成するが、その肯定文が記述的使用のものか帰属的使用のものかの区別をしない。日本語は、〜ノデハナイや〜ワケデハナイ、〜ドコロジャナイを含む多様な文否定表現形式を持ち、それぞれ異なる特性を示す。そして記述的使用と帰属的使用の区別をする。実際、not は常に単純な〜ナイに対応するわけではない。例えば記述的使用の (43) と帰属的使用の (44) (45) を見てみよう。

(43) a. Ducks don't bite. (アヒルは {噛まナイ／*噛むノデハナイ}。)
b. Pigs don't fly. (豚は {飛ばナイ／*飛ぶノデハナイ}。)

(43a, b) は対応する肯定形の「アヒルが噛む」「豚が飛ぶ」という先行発話や思考を想定できないので、記述的使用の例である。このとき英語の not は容認されるが、対応する日本語において、基本形〜ナイは容認されるが〜ノデハナイは容認されない。

(44) A：You trapped two mongeese yesterday, didn't you?
(昨日 mongeese を 2 匹捕まえたんですよね。)

　　　　B：I didn't trap two mongeese — I trapped two mongooses.
　　　　　（mongeese を 2 匹 {*捕まえナかった / 捕まえたノデハナイ}。
　　　　　mongoose を 2 匹捕まえたんだ。）

　(44B) の I didn't trap two mongeese は、A に帰属される発話を否定したものである。このとき英語の not は容認されるが、対応する日本語を考えたとき、基本形〜ナイを用いた「mongeese を 2 匹捕まえなかった。mongoose を 2 匹捕まえたんだ」は不自然で容認されないのに対して、〜ノデハナイを用いた「mongeese を 2 匹捕まえたノデハナイ。mongoose を 2 匹捕まえたんだ」は自然な日本語である。まったく同じことが (45) についても言える。

　　(45) A：明日、浩宮さんが来るんだって。
　　　　　（I heard that Hirono-miya will come tomorrow.）
　　　　B：太郎、浩宮さんが {*来マセン / 来るノデハアリマセン}。
　　　　　（Taro, Hirono-miya will not come.）
　　　　　皇太子殿下がいらっしゃるのよ。
　　　　　（His Highness the Crown Prince will come.）

　(45B) は (45A) に帰属される発話「浩宮さんが来る」を含んでいる。このような否定文の場合、英語では not で表現できるが、日本語の場合、〜ノデハナイ（〜ノデハアリマセン）は容認されるのに対して、基本形の〜ナイ（〜マセン）は容認されない。

　以上の観察が示していることは、英語の not は記述的使用と帰属的使用の区別をせず否定文を構成するが、日本語の〜ナイは記述的使用に用いられ、〜ノデハナイは帰属的使用に用いられる。すなわち日本語は帰属的に用いられていることを明確に示す表現形式を持っているということである。

　本章では、コミュニケーションにおける発話解釈のモデルを提案する認知語用理論の関連性理論を分かりやすく概説し、この枠組みによって可能になる具体的現象の的確な分析をいくつか紹介した。

Further Reading

» 今井邦彦 (2001)『語用論への招待』(大修館書店)
関連性理論の考え方を、英語と日本語の多くの具体例を挙げて、分かりやすいことばで解説している。

» 今井邦彦 (編)(2009)『言語学の領域 (II)』(朝倉書店)
言語学を起点とし、それと関わりを持ちうる様々な分野を取り上げて、言語研究の可能性を探る未来志向型シリーズの一冊で、意味論、語用論、関連性理論、手話、談話分析、コーパス言語学の領域が一望できる。

» 今井邦彦・西山佑司 (2012)『ことばの意味とはなんだろう』(岩波書店)
発話の意味とは何か、という問いを科学的に追求し、言語表現自体の意味が反映される「言語的意味表示（論理形式）」(とそれを扱う意味論) の重要性を、豊富な具体例の洞察に富む分析によって明らかにするものである。

» 内田聖二 (2012)『語用論の射程』(研究社)
談話の構造、発話行為、ダイクシスといった語からテキストまでの広範囲の言語現象を、関連性理論の概念を援用し、伝統的な語法研究をもふまえて興味深い分析を分かりやすく示している。

» スペルベル, D. と D. ウィルソン (内田聖二他訳)(2000)
『関連性理論：伝達と認知』(研究社出版)
関連性理論の提唱者 Dan Sperber と Deirdre Wilson の原著 Relevance: Communication and Cognition (Blackwell) の丁寧な邦訳で、語用論を勉強する日本人学生読者必携である。

» 東森勲・吉村あき子 (2003)『関連性理論の新展開』(研究社)
1990年代中ごろ以降の認知語用理論の関連性理論の発展を、学部生対象に分かりやすく解説し、メタ言語否定やエコー疑問文、アイロニー、メタファーなど様々な言語現象に適用した分析を紹介している。関連性理論の概要と新展開が要領よく理解できる。

» 松井智子 (2013)『子どものうそ、大人の皮肉』(岩波書店)
ことばで自分の意図をきちんと伝え、ことばから相手の意図を正しく理解できるようになる。プロセスという視点から発達途上の子供のことばを観察し、伝わる理由・伝わらない理由を分かりやすく探る。

» 吉村あき子（1999）『否定極性現象』（英宝社）

any や ever といった否定環境を好んで現れる表現が容認される条件を、関連性理論の手続き的情報の視点から、提案するものである。

» フランソワ・レカナティ（著）今井邦彦（訳）（2006）『ことばの意味とは何か』（新曜社）

ことばの意味は文そのものにあるのか、それとも文脈における発話行為から生まれるのかという問題について、字義主義からコンテクスト主義への移行を主張する。

索　引

記号

θ規準（θ-criterion）077

A～Z

A移動（A-movement）081
A′移動（A′-movement）085
c統御（c(onstituent)-command）069
D構造（D(eep)-structure）078
Noam Chomsky　085
pro　078
PRO　077
S構造（S(urface)-structure）078
Syntactic Structures　085
way構文（way-construction）168
WH移動（WH-movement）081
X′式型（X-bar schema）082

あ行

曖昧性除去（disambiguation）184
アイロニー　178
アクセント（accent）017
アクセント規則　021
アステリスク（asterisk）070
アスペクト（aspect）135, 141
アドホック概念　186
アドホック概念形成（ad-hoc concept construction）187
イベント・メトニミー（event metonymy）157
意味関係（semantic relation）120
意味成分（semantic features）118
意味的な主要部　050
意味役割（semantic role, thematic role, θ-role）076, 135, 137

イメージスキーマ（image schema）152
イントネーション（intonation）024
イントネーション言語（intonation language）024
隠喩（metaphor）162
エコー的使用（echoic use）198
音声形式（Phonetic Form, PF）078
音節（syllable）011
音節拍リズム（syllable-timed rhythm）027
音素（phoneme）003

か行

開音節（open syllable）012
下位語（hyponym）057, 120
外心複合語（exocentric compound）055
概念　192
概念的情報（conceptual information）191
概念融合（conceptual blending）173
乖離的態度（dissociative attitude）201
かき混ぜ（scrambling）085, 100
核（nucleus）012
格吸収（case absorption）079
格フィルター（case filter）074
格付与子（case-assigner）074
仮想移動（fictive motion）171
活性化領域（active zone）157
カテゴリー（category）150
カテゴリー化（categorization）150
含意（entailment）121
完結性（telicity）143
換喩（metonymy）156
関連性の伝達原則（communicative principle of relevance）181
関連性の認知原則（cognitive principle of relevance）180

関連性理論（Relevance Theory）180
帰結推意（implicated conclusion）189
記述的使用　197
帰属的使用　197
基体（base）036
基底部（base）158
起点（source, S）076
機能語（function word）023
機能的構文論（Functional Syntax）090
基本語順（basic word order）097
基本表意（base-level explicature）187
疑問の焦点（focus of question）098
疑問文　196
脚韻　026
逆形成（back-formation）046
逆Yモデル（inverted Y-model）079
旧情報（old/given information）091
境界表示機能　021
共感度（empathy）104
強弱アクセント（stress accent）018
強勢（stress）018
強勢拍リズム（stress-timed rhythm）027
鏡像関係（mirror image）064
虚辞（expletive）081
際立ち（prominence）159
緊張母音（tense vowel）004
句（phrase）039, 179
句構造（phrase structure）067
具象概念（concrete concept）161
屈折形態論（inflectional morphology）032
屈折要素（Inflection, I）066
経験者（experiencer, EX）076
経験的基盤（experiential basis）153
形態音素（morphophoneme）011
形態音素交替（morphophonemic alternation）010
形態素　011
形態的な主要部　050
形態論（morphology）032

原因（cause, CAUS）076
言語習得（language acquisition）152
言語的意味の確定不十分性（linguistic underdeterminacy）187
語彙意味論（Lexical Semantics）118
語彙概念構造（lexical conceptual structure）135, 139
語彙分解（lexical decomposition）118
項（argument）076, 136
項構造（argument structure）076, 137
高次表意（higher-level explicature）187
構成素（constituent）066
拘束形態素（bound morpheme）036
後置詞（postposition）064
後置文　101
高低アクセント（pitch accent）018
項の交替（argument alternation）138
語形成（word formation）032
語形短縮（clipping）043
五十音図　002
語ピッチ言語（word pitch language）024
コミュニケーション　178
語用論（pragmatics）179
混成（blending）044
痕跡（trace）079

さ行

最小性制約（minimality constraint）015
作用域（scope）071
子音（consonant）002
子音体系　007
子音連結（consonant cluster）012
弛緩母音（lax vowel）004
指示する（refer to）156
指示対象（referent）155
自然言語（natural language）164
事態の解釈（construal）170
指定部（specifier, Spec）082

視点（viewpoint）104
視点の一貫性 107
支配する（dominate）069
島（island）083
斜格（oblique case, OBL）073
尺度的反意語（scale antonym）123
写像（mapping）167
自由拡充（free enrichment）185
重名詞句移動（heavy NP shift）098
重要度がより高い情報（more important information）091
重要度がより低い情報（less important information）091
主格（nominative case, NOM）072
樹形図（tree diagram）067
主題（theme, topic）091, 102
主題副詞（thematic adverb）093
主要部（head）064
主要部移動制約（head-movement constraint）082
主要部後置（head-final）型言語 065
主要部前置（head-initial）型言語 065
上位語（hypernym）057, 120
上下関係（hyponymy）120
上昇構文（raising construction）081
状態（state）135
状態変化 140
焦点副詞（focus adverb）093
譲渡（所有移動）140
情報構造 092
情報の流れの原則 093
省略順序の制約 095
処理労力 180
人工言語（artificial language）164
新情報（new information）091
心的辞書（mental lexicon）078
真理条件 192
図（figure）171
推意 182

推論 179
数量詞（quantifier）071
数量詞遊離（quantifier float）100
ストレスアクセント（stress accent）018
成員（member）150
清音 009
制御子（controller）077
生成文法（Generative Grammar）062
声調言語（tone language）024
接辞（affix）037
接辞付加（affixation）037
節点（node）067
接頭辞（prefix）036
接尾辞（suffix）037
先行詞（antecedent）070
全体語（holonym）122
前提推意（implicated premise）189
総記（exhaustive listing）091, 103
相互動詞（reciprocal verb）104
総称名詞 103
想定（assumption）193
相補的反意語（complementary antonym）123
ソース（source）163

た行

ターゲット（target）163
対格（accusative case, ACC）072
対照（contrast）102
対象（theme, TH）076
対称詞の視点階層 114
第2強勢（secondary stress）028
多義（polysemy）126
多義語（polyseme）165
多義性（polysemy）152
濁音 009
単語（word）179, 192
単語の主要部（head of a word）048
短縮語 015

談話主題の視点階層　108
談話法規則違反のペナルティー　110
地（ground）　171
着地点（landing site）　085
着点（goal, G）　076
抽象概念（abstract concept）　161
抽象格（abstract case）　073
中立叙述（neutral description）　102, 103
調音点（place of articulation）　007
調音法（manner of articulation）　007
頂点表示機能　021
提喩（synechdoche）　158
出来事（event）　135, 157
手続き的情報（procedural information）　191
転成　043
伝達される意味（communicated meaning）　187
同位語（cohyponym）　121
同一指示指標（coreferential index）　071
頭韻　026
同音異義（homonymy）　126
同義関係（synonymy）　125
同義性（synonymy）　151
統語構造（syntactic structure）　062
統語論（syntax）　062
動作主（agent, AG）　075
頭子音（onset）　011
逃避口（escape hatch）　084
頭文字語（acronym）　045

な行

内心複合語（endocentric compound）　055
内容語（content word）　023
二重母音　006
認知（cognition）　148
認知意味論（Cognitive Semantics）　148
認知言語学（Cognitive Linguistics）　148
認知効果（cognitive effect）　180
認知的動機付け（cognitive motivation）　153

は行

場所（location, LOC）　076
場所句倒置（locative inversion）　099
派生（derivation）　036
派生形態論（derivational morphology）　032
派生語（derivative）　037
発音器官（organ of speech）　002
発話当事者の視点階層　107
発話の論理形式（logical form）　182
話し手の意味（speaker's meaning）　178
パラミター（parameter）　086
反意関係（antonymy）　122
鼻音（nasal）　007
比較句倒置（comparative inversion）　099
尾子音（coda）　012
ピッチアクセント（pitch accent）　018
否定極性項目（negative polarity item）　195
被動作主（patient, PAT）　075
皮肉　178
表意（explicature）　182, 183
表出命題（proposition expressed）　187
表層構造の視点階層　105
品詞転換（conversion）　042, 157
部位語（meronym）　122
付加構造（adjunction structure）　085
付加詞（adjunct）　076, 136
複合（compounding）　036
複合語（compound, compound word）　022, 039
複合語短縮　044
二又構造（binary branching）　035
部分・全体関係（meronymy）　122
普遍文法（universal grammar, UG）　086
フレーム（Frame）　159
プロソディー（prosody）　017
プロトタイプ（prototype）　154

プロトタイプ効果（prototype effect）160
プロファイル（profile）158
文（sentence）と発話（utterance）179
文末焦点の原則（principle of end focus）098
閉音節（closed syllable）012
弁別機能 020
弁別性 020
母音（vowel）002
母音空間 002
母音融合（vowel coalescence）006
飽和（saturation）184
補部（complement）065
補文標識（Complementizer, C）065

ま行

右側主要部の規則（The Righthand Head Rule）050
民衆理論 167
無声 007
無標（unmarked）006
名詞句からの外置（extraposition from NP）098
命題（proposition, PROP）081
命題形式（propositional form）187
メタファー（metaphor）162
メトニミー（metonymy）156
メンタルスペース（mental space）173
メンタルスペース理論（Theory of Mental Spaces）173
モーラ（mora）014
モーラ拍リズム（mora-timed rhythm）027
元位置の WH 句（WH-in-situ）082

や行

融合スペース（blended space）173
有声 007
有標性 005
有標（な）（marked）006, 111

よい例（good example）154

ら行

ラベル付括弧表示 067
リズム（rhythm）026
リズム規則 028
理想化認知モデル（Idealized Cognitive Model, ICM）159
リポート（report）198
論理形式（Logical Form, LF）079

わ行

悪い例（bad example）154

執筆者紹介

- 第1章　音韻論　窪薗晴夫（人間文化研究機構・国立国語研究所客員教授）
- 第2章　形態論　
  竝木崇康（茨城大学名誉教授・聖徳大学文学部非常勤講師）
- 第3章　統語論　生成文法　三原健一（大阪大学名誉教授）
- 第4章　統語論　機能的構文論　高見健一（元学習院大学文学部教授）
- 第5章　語彙意味論　小野尚之（大東文化大学外国語学部特任教授）
- 第6章　認知意味論　杉本孝司（大阪大学名誉教授）
- 第7章　語用論　吉村あき子（奈良女子大学研究院人文科学系教授）

日英対照　英語学の基礎

2013年11月22日　初版第1刷発行
2025年 2月20日　初版第8刷発行

編　者　三原健一・高見健一
発行人　岡野秀夫
発行所　株式会社　くろしお出版
　　　　〒102-0084
　　　　東京都千代田区二番町4-3
　　　　TEL　03-6261-2867
　　　　FAX　03-6261-2879
　　　　E-mail　kurosio@9640.jp
　　　　URL　www.9640.jp
印刷所　シナノ書籍印刷株式会社
装丁・本文デザイン　大坪佳正

© Ken-ichi MIHARA, Ken-ichi TAKAMI 2013, Printed in Japan
ISBN978-4-87424-600-9　C1080

●乱丁・落丁はおとりかえいたします。本書の無断転載・複製を禁じます。